baruumsaa - escola	2
imala - viatge	5
geejiba - transport	8
magaalaa gudaa - ciutat	10
teechuma lafaa - paisatge	14
mana nyaataa - restaurant	17
suppar maarkeetii - supermercat	20
dhugaatii - begudes	22
nyaata - menjar	23
qonna - granja	27
mana - casa	31
kutaa jireenyaa - sala d'estar	33
mana bilcheessaa - cuina	35
kutaa dhiqannaa - bany	38
kutaa ijoollee - cambra de nen	42
cuufinsa - roba	44
waajjira - oficina	49
diinagdee - economia	51
hojii - oficis	53
meeshaalee - eines	56
meeshaalee muuziqaa - instrument de música	57
dallaa beeladaa - zoo	59
ispoortii - esports	62
sochii - activitats	63
warra - família	67
qaama - cos	68
hospitaala - hospital	72
hatattama - urgència	76
dachee - terra	77
sa'aa - rellotge	79
torbee - setmana	80
waggaa - any	81
boca - formes	83
haluuwwan - colors	84
masaanuu - oposats	85
lakkoofsota - nombres	88
afaanota - llengües	90
eenyu / maali / akkamitti - qui / què / com	91
eessa? - on	92

Impressum
Verlag: BABADADA GmbH, Nedderfeld 112 , 22529 Hamburg
Geschäftsführer / Verlagsleitung: Harald Hof
Druck: Books on Demand GmbH, In de Tarpen 42, 22848 Norderstedt

Imprint
Publisher: BABADADA GmbH, Nedderfeld 112 , 22529 Hamburg, Germany
Managing Director / Publishing direction: Harald Hof
Print: Books on Demand GmbH, In de Tarpen 42, 22848 Norderstedt

baruumsaa

escola

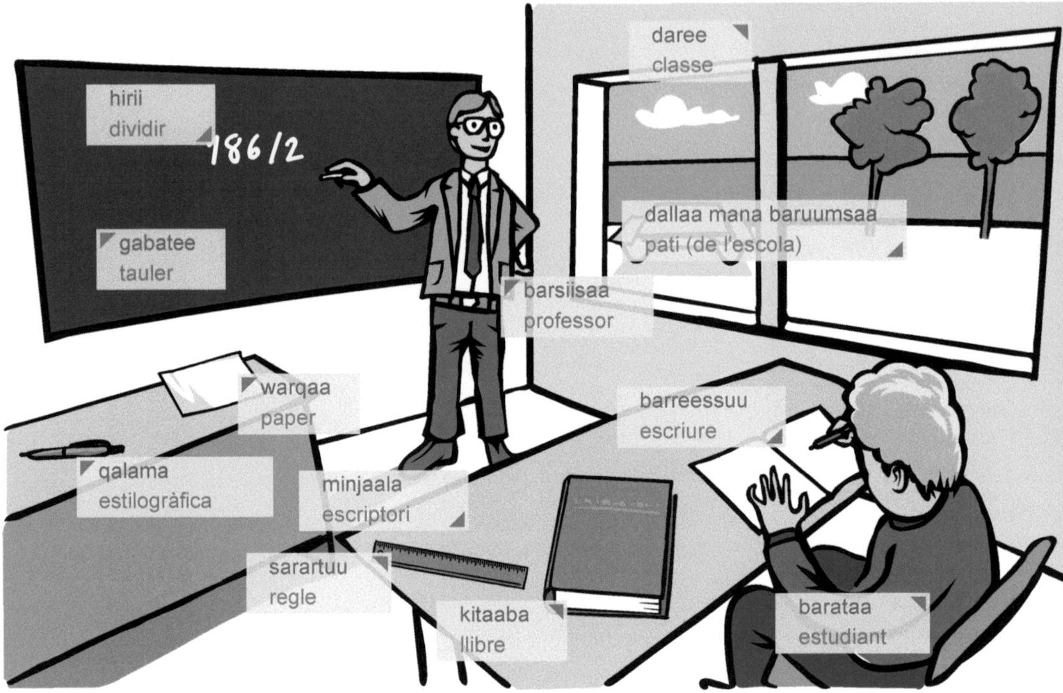

daree
classe
hirii
dividir
186/2
gabatee
tauler
dallaa mana baruumsaa
pati (de l'escola)
barsiisaa
professor
warqaa
paper
barreessuu
escriure
qalama
estilogràfica
minjaala
escriptori
sarartuu
regle
kitaaba
llibre
barataa
estudiant

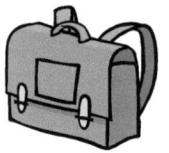

korojoo baattamu

bossa

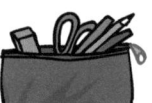

teessoo irsaasii

estoig

irsaasii

llapis

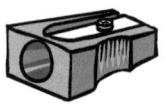

qartuu irsaasii

maquineta de fer punta

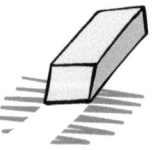

haqxuu

goma

paadii fakkii

bloc de dibuix

fakkii

dibuix

burusha halluu

pinzell

saanduqa halluu

capsa de pintures

maqasa

tisores

maxxansituu

cola

daftara

quadern d'exercicis

hojii manaa

deures

lakkoofsa

nombre

ida'ii

afegir

hir;isi

sostreure

bay;isi

multiplicar

heerregii

calcular

xalayaa

lletra

tarree qubee

alfabet

jecha

mot

kitaaba barataa

text

dubbisuu

llegir

biroonkii

guix

baruumsa

lliçó

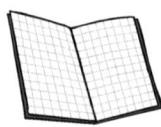

galmeessuu

llibre de classe

qormaata

examen

raga barreeffamaa

certificat

uffata mana baruumsaa

uniforme escolar

barnoota

formació

insaaykiloopeediyaa

enciclopèdia

yuunivarstii

universitat

maaykiroos kooppii

microscopi

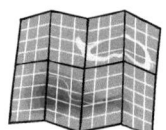

kaartaa

mapa

qircaata gatoo

paperera

imala
viatge

hoteela
hotel
Grand
hosteela
alberg
ROOMS
EXCHANGE
biiroo de cheenjee
oficina de canvi
shaanxaa kafanaa
maleta
konkolaataa
automòbil

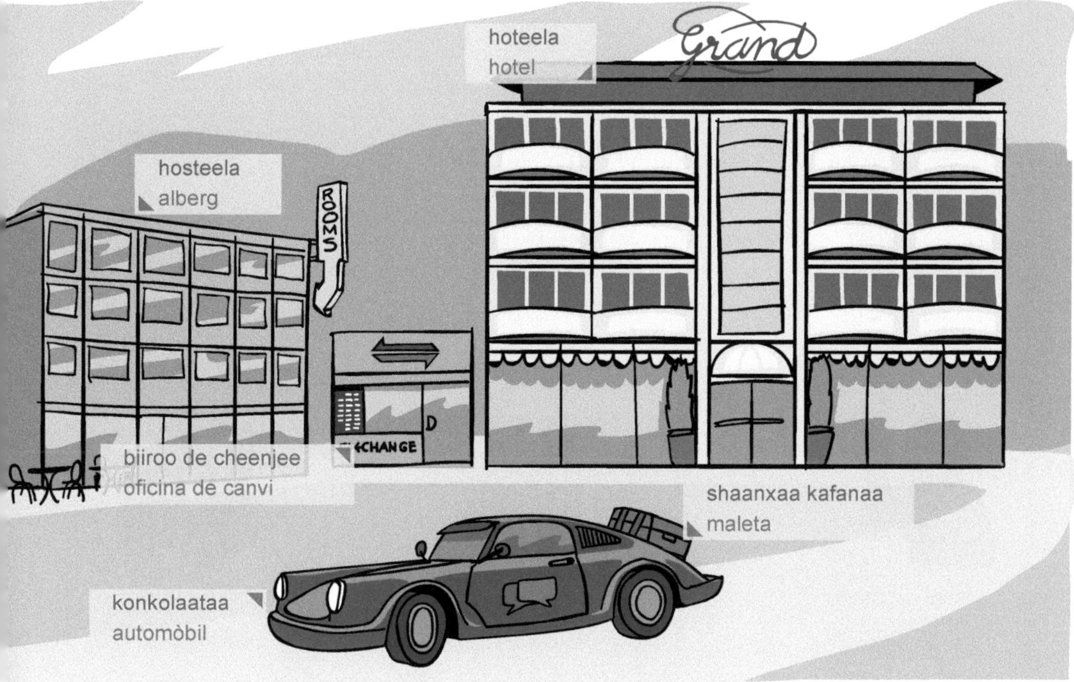

afaan

llengua

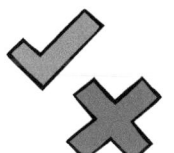

eyyeen / mitii

sí / no

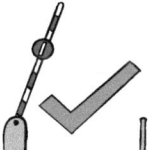

haa ta'u

D'acord

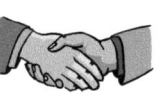

heloo

Ey!

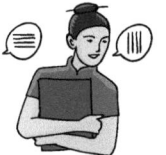

turjmaana

traductora

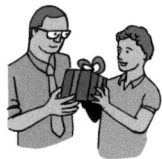

galatoomaa

gràcies

meeqa

Quant costa... ?

naaf hingalle

No entenc

rakkoo

problema

akkam ooltan

Bona nit!

akkam bultan?

bon dia!

halkan gaarii

bona nit!

nagaatti nagaatti

fins aviat

kallattii

direcció

ba'aa imalaa

bagatge

korojoo

bossa

ba'aa dugdaa

sarrona

keessummaas

convidat

kutaa

cambra

korojoo hirriibaa

sac de dormir

dukkaana

tenda

odeeffannoo turistii

oficina de turisme

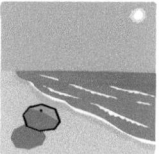

qarqara haroo

platja

kireedit kaardii

carta de crèdit

ciree

esmorzar

laaqana

dinar

irbaata

sopar

tikkeetii

bitllet

liiftii

ascensor

chaappaa

segell

daangaa

frontera

barmaatilee

duana

embaasii

ambaixada

viizaa

visat

paasspoortii

passaport

geejiba
transport

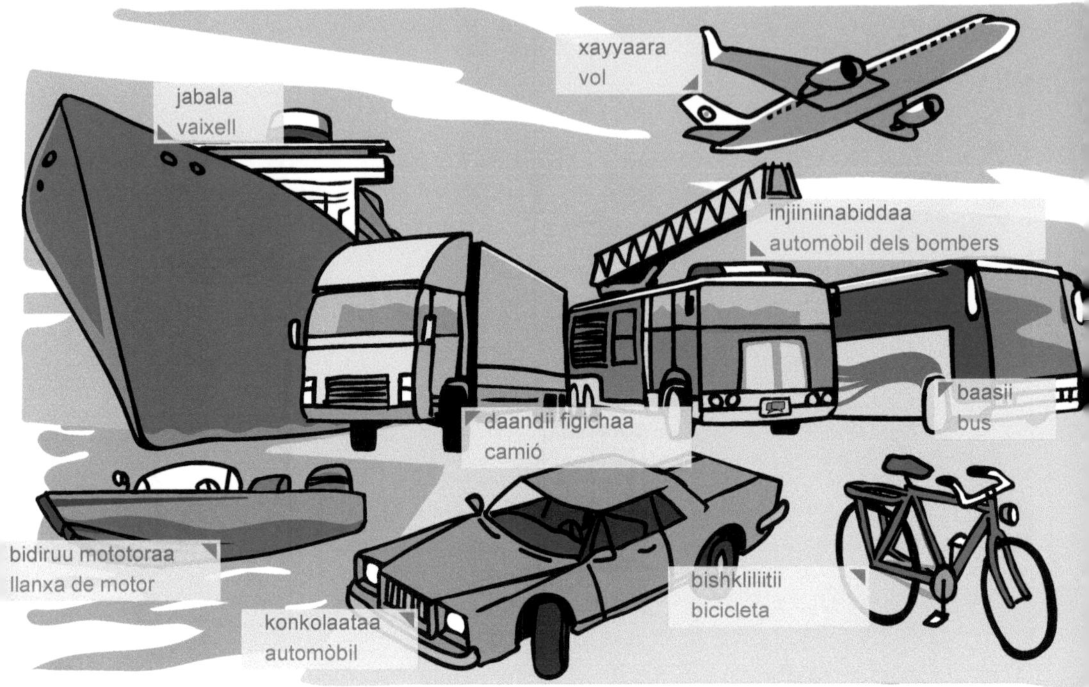

xayyaara
vol
jabala
vaixell
injiiniinabiddaa
automòbil dels bombers
baasii
bus
daandii figichaa
camió
bidiruu mototoraa
llanxa de motor
bishkliliitii
bicicleta
konkolaataa
automòbil

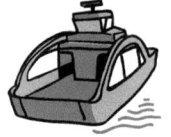

bidiruu deeddebii
transbordador

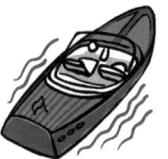

bidiruu
barca

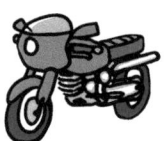

doqdoqqee
moto

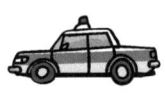

konkolaataa foolisaa
automòbil de policia

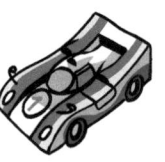

konkolaataa dorgommii
automòbil de curses

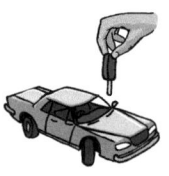

konkolaataa kiraa
automòbil de lloguer

konkolataa waliin gahuu
....
vehicle compartit

marsaa boqqoonna
....
grua

daandii dhorkaa
....
camió de les escombraries

motora
....
motor

boba'aa
....
benzina

buufata boba'aa
....
benzineria

mallattoo tiraafikaa
....
senyal de trànsit

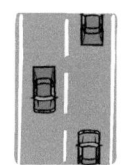

tiraafika
....
trànsit

cuccufaa daandii
konkolaataa
....
embús

dhaabbii konkolaataa
....
aparcament

buufata baburaa
....
estació de trens

konkolaataa guddaa
....
vies

baabura
....
tren

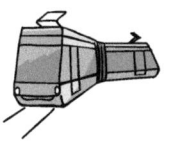

baabura eleektirikaa
....
tramvia

gaarii fardaa
....
vagó

helikooftara

helicòpter

buufata xayyaaraa

aeroport

qooxii

torre

keessummaa

passatger

konteenara

contenidor

kaartunii

capsa de cartó

gaarii

carretó

qirccaata

cistella

barrisuu / qubachuu

enlairar-se / aterrar

magaalaa gudaa
ciutat

araddaa

poble

handhuura magaalaa

centre de la ciutat

mana

casa

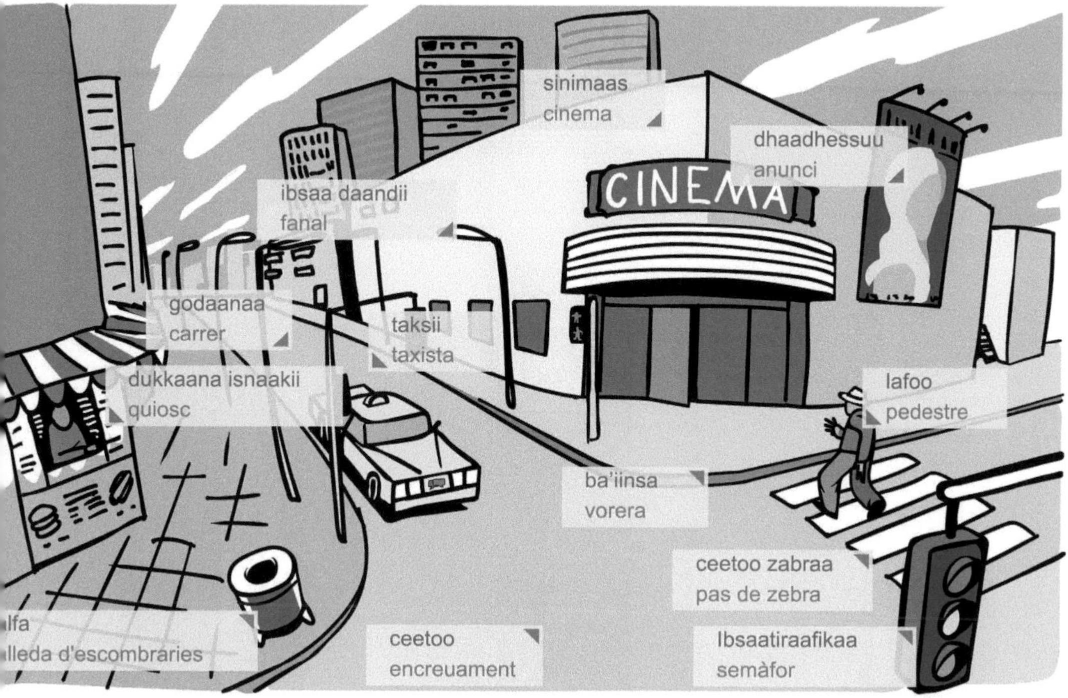

sinimaas
cinema

dhaadhessuu
anunci

ibsaa daandii
fanal

CINEMA

godaanaa
carrer

taksii
taxista

dukkaana isnaakii
quiosc

lafoo
pedestre

ba'iinsa
vorera

ceetoo zabraa
pas de zebra

lfa
lleda d'escombraries

ceetoo
encreuament

Ibsaatiraafikaa
semàfor

godoo
cabana

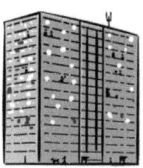

diriiraa
apartament

buufata baburaa
estació de trens

galma magaalaa
casa de la vila-ciutat

muuziyeemii
museu

baruumsaa
escola

yuunivarstii

universitat

baankii

banca

hospitaala

hospital

hoteela

hotel

mana qorichaa

farmàcia

waajjira

oficina

dukkana kitaabaa

llibreria

dukkaana

botiga

gurgurtuu abaabo

floristeria

suppar maarkeetii

supermercat

gabaa

mercat

kuusaa dame

gran magatzem

kiyyeessituu qurxxummii

peixateria

giddu gala gabaa

centre comercial

buufata galaanaa

port

paarkii

parc

tessoo dalgee

banc

riqica

pont

sibsaabii

escala

Lafa jala

metro

holqa

túnel

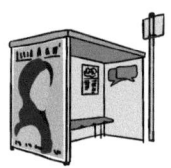

buufata konkolaataa

parada d'autobús

baarii

bar

mana nyaataa

restaurant

saanduqa poostaa

bústia de correu

mallattoodaandii

senyal indicador

idoo dhaabbii konkolaataa

parquímetre

dallaa beeladaa

zoo

haroo daakkaa

piscina

masgiida

mesquita

qonna

granja

faalama

pol·lució

iddoo awwaalchaa

cementiri

charchii

església

dirree taphaa

parc infantil

siidaa

temple

teechuma lafaa
paisatge

baala
fulla

maxxansa beeksiisaa
cartell indicador

karaa
camí

huruufa magariisa
prat

dhakaa
pedra

nama lafoo deemu
excursionista

muka
arbre

laga
riu

mrga
gespa

abaaboo
flor

sulula

vall

tabba

muntanya

hara

llac

bosona

bosc

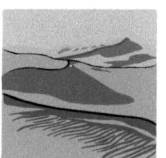

gammoojjii oo;aa

desert

dhooyinsalafaa

volcà

masaraa

castell

sabbata waaqqaa

arc de Sant Martí

jaarsa marqoo

bolet

muka teemiraa

palmera

bookee busaa

moscard

balali'uu

mosca

mixii

formiga

kanniisa

abella

sarariitii

aranya

boombii

escarabat

hurrii

granota

shikookkoo

esquirol

xaddee

eriçó

beelada illeentii fakkaatu

llebre

jajuu

òliba

simbira

ocell

daakkiyyee

cigne

ifaannaa

senglar

godaa

cervo

godaa ameerikaatti argamu

ant

riqicha

presa

tarbaayinii buubbee

turbina

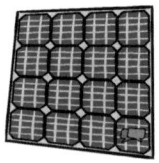

panaalii soolaarii

panell solar

haala qilleensaa

clima

mana nyaataa
restaurant

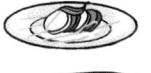

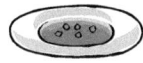

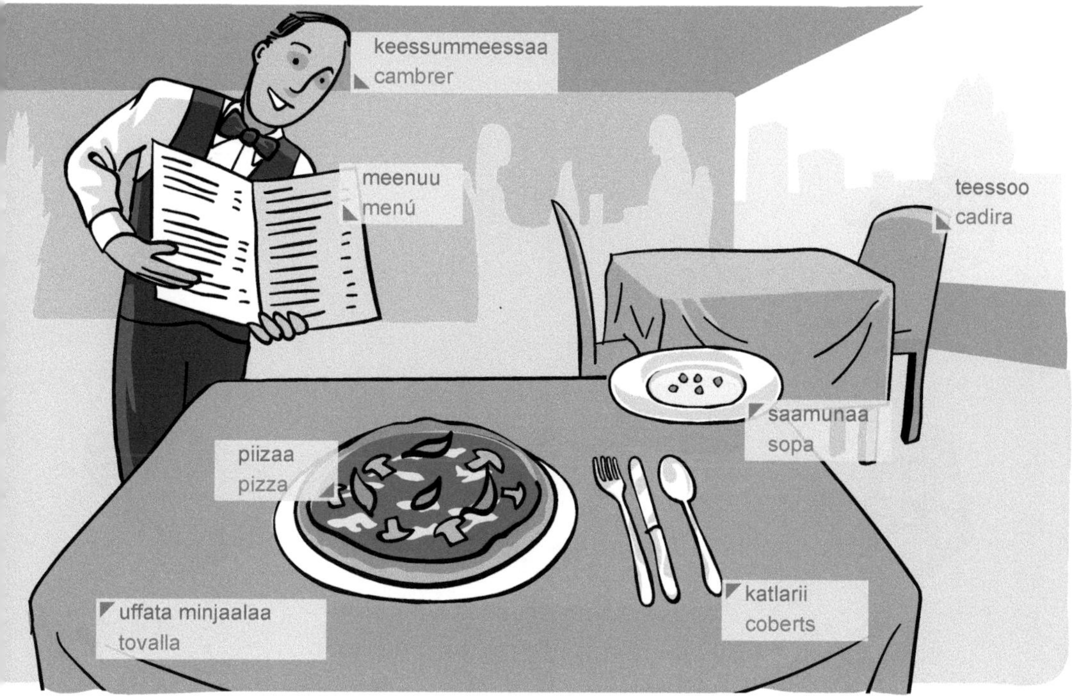
keessummeessaa
cambrer
meenuu
menú
teessoo
cadira
saamunaa
sopa
piizaa
pizza
katlarii
coberts
uffata minjaalaa
tovalla

calqabsiisaa

primer plat

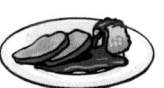

madda muummee

plat principal

deezaartii

darreries

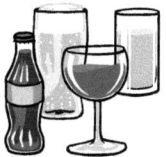

dhugaatii

begudes

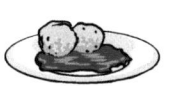

nyaata

menjar

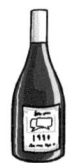

qaruuraa

ampolla

nyaata qophaa'aa

menjar ràpid

nyaata karaa irraa

menjar de carrer

markajii shaayii

tetera

qodaa shukkaaraa

sucrer

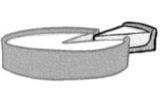

uwwisa

porció

maashina espereessoo

màquina d'espresso

teessoo ol ka'aa

trona

nagahee

factura

tirii

plata

hlbee

ganivet

shuukkaa

forqueta

fal'aana

cullera

fal'aana shaayii

cullereta

uffrata minjaala nyaataa

tovalló

burcuqqoo

got

mana nyaataa - restaurant

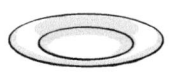

diiriiraa

plat

teessoo saamunaa

plat de sopa

teessoo siinii

plateret

sugoo

salsa

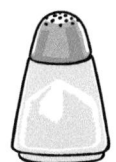

qodaa sooqiddaa

saler

daaktuu barbaree

molinet de pebre

hadhooftuu

vinagre

zayita

oli

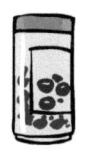

qimamii

espècies

kachappii

quètxup

sanaafica

mostassa

maaynoneezii

maionesa

suppar maarkeetii
supermercat

kenaa addaa
oferta especial
maamila
client
oomish aannanii
productes lactis
fuduraa
fruites
baabura eelektirikaa
carret de la compra

BUTCHERS

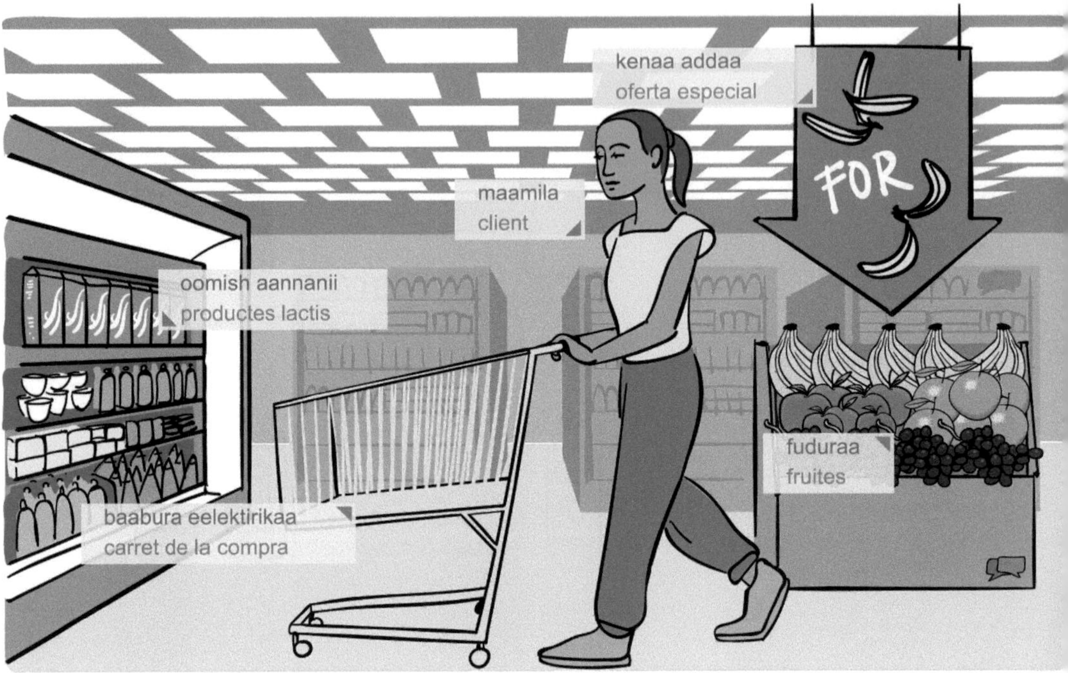

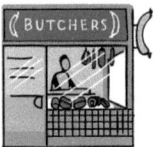

mana foonii
carnisseria

BAKERY

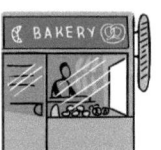

tolchituu
forn de pa

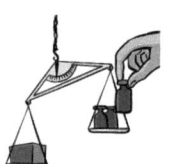

ulfaatina safaruu
pesar

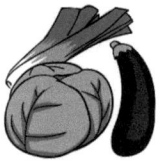

kuduraa
verdures

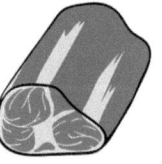

foon
carn

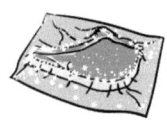

nyaataqorraa
menjar congelat

foon qorraa

carn freda

nyaata samsmaa

conserves

oomoo

detergent en pols

mi'aawaa

dolços

oomisha meeshaa manaa

articles domèstics

bu'aa qulqulleessuu

productes de neteja

nama gurgurtaa

venedora

hanga

caixa registradora

qarshi qabduu

caixera

taree gabaa

llista de la compra

sa'aatii baniinsaas

horari d'obertura

krojoo qarshii kan dhiiraa

portamonedes

kireedit kaardii

carta de crèdit

korojoo

bossa

korojoo pilaastikaa

bossa de plàstic

bishaan

aigua

cuunfaa

suc

aannani

llet

kookii

coca-cola

wayinii

vi

biiraa

cervesa

alkoolii

alcohol

kookaa

cacau

shaayii

te

buna

cafè

espereesso

espresso

kaappuchuunoo

cappuccino

muuzii

banana

aappilii

poma

burtukaana

taronja

meeloonii

síndria

loomii

llimona

kaarotii

pastanaga

qullubbii adii

all

leemmana

bambú

qullubbii

ceba

jaarsa marqoo

bolet

godoo

avellanes

gowwaa

fideus

ispaageetii

espaguetis

ruuza

arròs

salaaxaa

amanida

chiipsii

patates fregides

moose affeelamaa

patates fregides

piizaa

pizza

hmbargarii

hamburguesa

saanduchii

entrepà

kotaleetii

escalopa

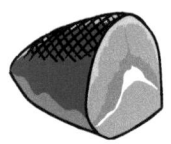

foon booyyee kan luka
fuuiduraa

cuixot

nyaata mi'eessituu fi
sooggiddan sukkummame

salami

sausage

salsitxa

lukuu

pollastre

waaddii

rostit

qurxummii

peix

bulluqa aajjaa

flocs de civada

masliis

musli

fandishaa

cereals

daakuu

farina

kiroosantii

croissant

daabboo-

panet

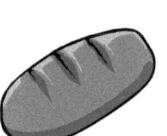

daabboo

pa

dabboo oo'aa

torrada

buskuuta

bescuits

dhadhaa

mantega

itittuu

mató

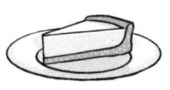

keekii

pastís

buuphaa

ou

buuphaa affeelamaa

ou fregit

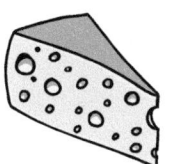

ayibii

formatge

aays kireemii

gelat

shukkaara

sucre

damma

mel

marmaalaataa

melmelada

chokkoleetii bittinnaa'aa

crema de xocolata

kuurii

curri

nyaata - menjar

qonna
granja

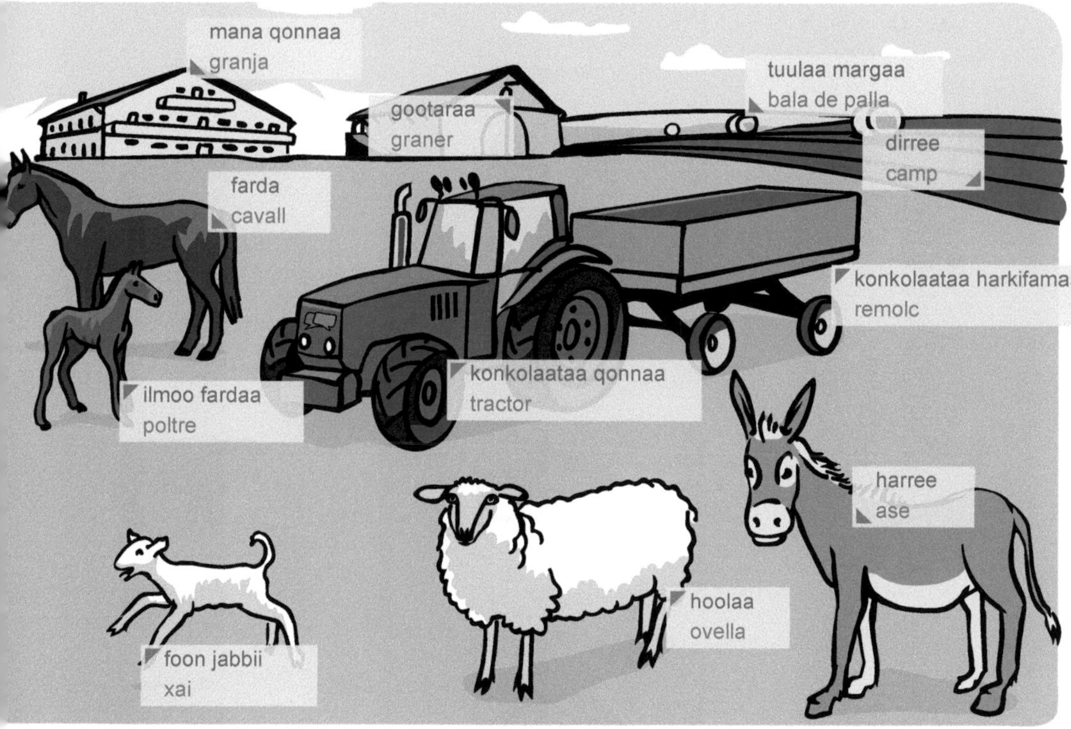

mana qonnaa
granja
gootaraa
graner
tuulaa margaa
bala de palla
dirree
camp
farda
cavall
konkolaataa harkifamaa
remolc
konkolaataa qonnaa
tractor
ilmoo fardaa
poltre
harree
ase
hoolaa
ovella
foon jabbii
xai

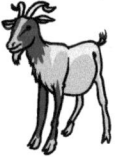

ra'ee

cabra

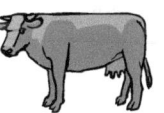

sa'a

vaca

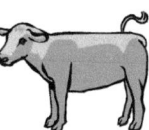

jabbilee

vedella

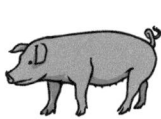

booyyee

porc

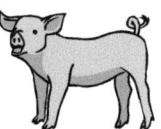

ilmoo booyyee

garrí

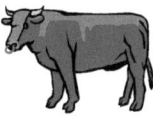

korma

bou

ziyyee

oca

daakkiyyee

ànec

lukkuu

poll

lukkuu haadhoo

gall

lukkuu kormaa

gallina

hantuuta

rata

adurree

gat

hantuuta goodaa

ratolí

qotiyyoo

bou

saree

gos

mana saree

gossera

ujjummoo oddoo

mànega de regar

kan ittin bishaan obaasan

regadora

haamtuu dheeraa

dalla

qotuu

arada

haamtuu

falç

gasoo

aixada

manshii

forca

qotoo

destral

gaarii goommaa

carretó

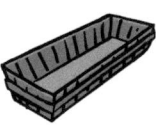

suluula

abeurador

meeshaa aannanii

lletera

keeshaa

sac

dallaa

tanca

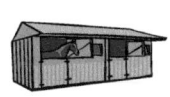

tasgabbii

establa

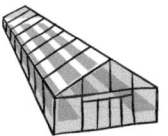

mana biqiltuu

hivernacle

biyyee

sòl

sanyii

llavor

dachee gabbistuu

adob

kmbaayinara haamaa

collidora

haamuu

collir

haamuu

collita

biqiltuu hundeen isaa
nyaatamu

nyam

qamadii

blat

sooy

soja

moose

patata

boqqoolloo

blat de moro o d'indi

raappii siidii

colza

muka fudraa

arbre fruiter

kzaavaa

mandioca

midhaan biilaa

cereals

hula aaraa
fumera

baaxii
teulada

ujummo bishaanii
canaló

fooddaa
finestra

garaajii
garatge

bilibila balbalaa
campana

balbala
porta

teessoo balfaa
galleda de les escombraries

saanduqa xaiayaas
bústia de correu

oddoo
jardí

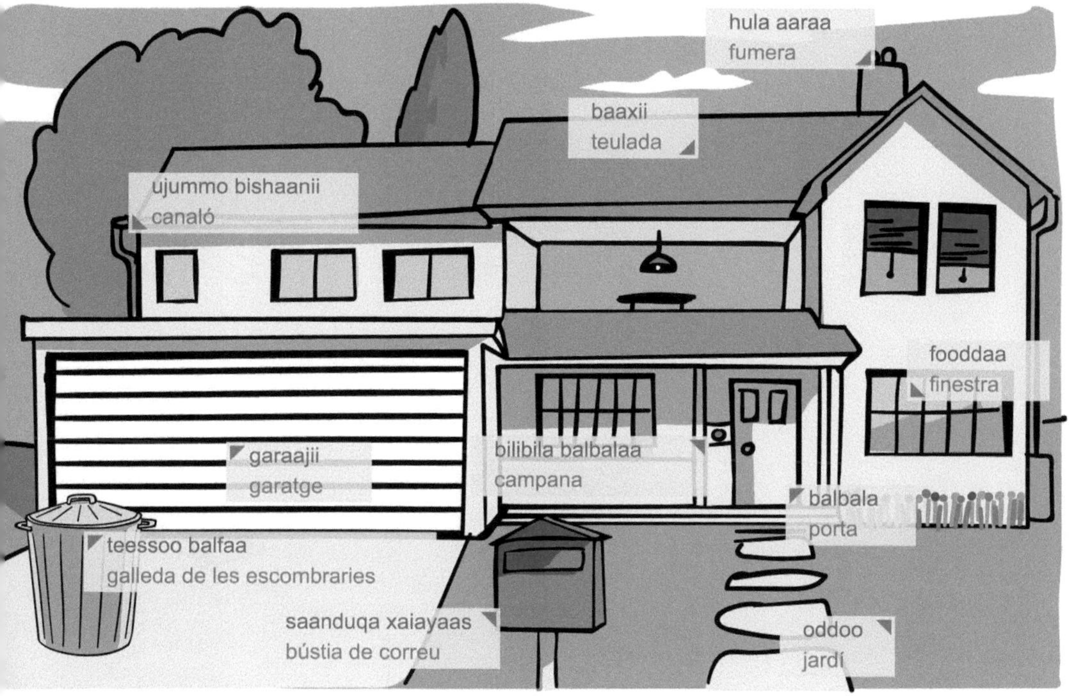

kutaa jireenyaa

sala d'estar

kutaa dhiqannaa

bany

mana bilcheessaa

cuina

kutaa ciisichaa

cambra de dormir

kutaa ijoollee

cambra de nen

kutaa nyaataa

menjador

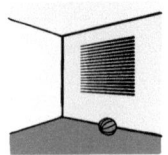

lafa
sòl

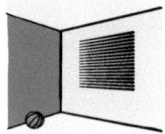

ededaa
paret

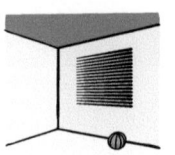

baaxii
sostre

seelaarii
soterrani

saawunaa
sauna

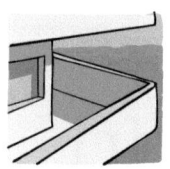

baankoonii
balcó

madaba
terrassa

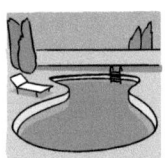

puulii
piscina

konkoolaataa haamaa
tallagespa

ansoolaa
vànova

uffata siree
cobrellit

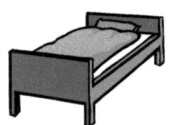

siree
llit

hartuu
escombra

baaldii
galleda

cufuu
interruptor

kutaa jireenyaa
sala d'estar

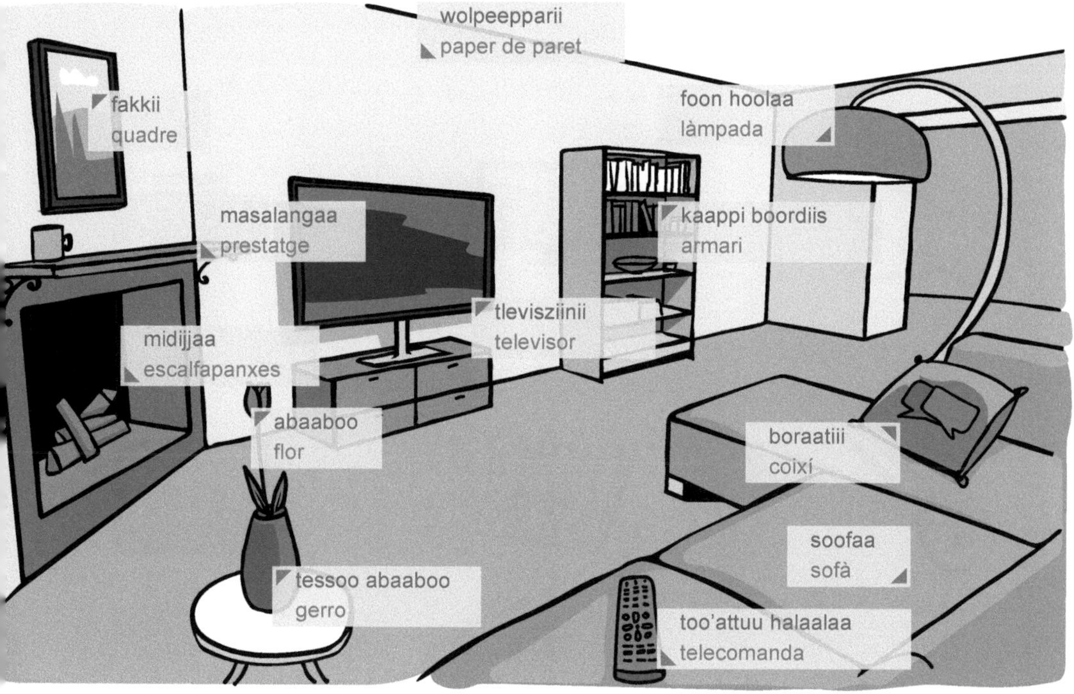

wolpeepparii
paper de paret
fakkii
quadre
foon hoolaa
làmpada
masalangaa
prestatge
kaappi boordiis
armari
tleviszìinii
televisor
midijjaa
escalfapanxes
abaaboo
flor
boraatiii
coixí
soofaa
sofà
tessoo abaaboo
gerro
too'attuu halaalaa
telecomanda

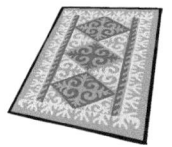

afata
catifa

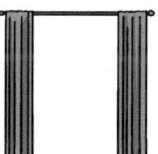

golgaa
cortina

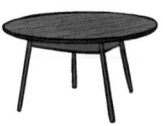

minjaala
taula

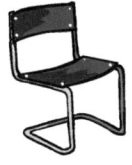

teessoo
cadira

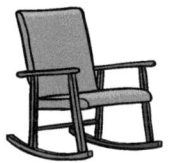

teessoo rarra'aa
cadira gronxadora

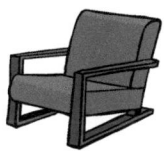

teesoo ciqilffannaa
cadiral

kitaaba

llibre

uffata qorraa

llençol

midhagina

decoració

muka qoraanii

llenya

fiilmii

film

meeshaa

cadena de música

furtuu

clau

gaazexaa

diari

dibuu

pintura

barjaa

cartell

reedyoonii

ràdio

daftara yaadanoo

bloc de notes

meeshaa eeleektirikaa afata
qulqulleessu

aspiradora

laaftoo

cactus

dungoo

candela

mana bilcheessaa

cuina

firiijii
refrigerador
midijjaa maayikirooweevii
microones
meeshaa bilcheessaa
balança de cuina
waaddituu
torradora
saaunaa
detergent per a plats
midijjaa
forn
qabbaneessitu
congelador
teessoo balfaa
galleda de les escombraries
saafaa
rentaplats

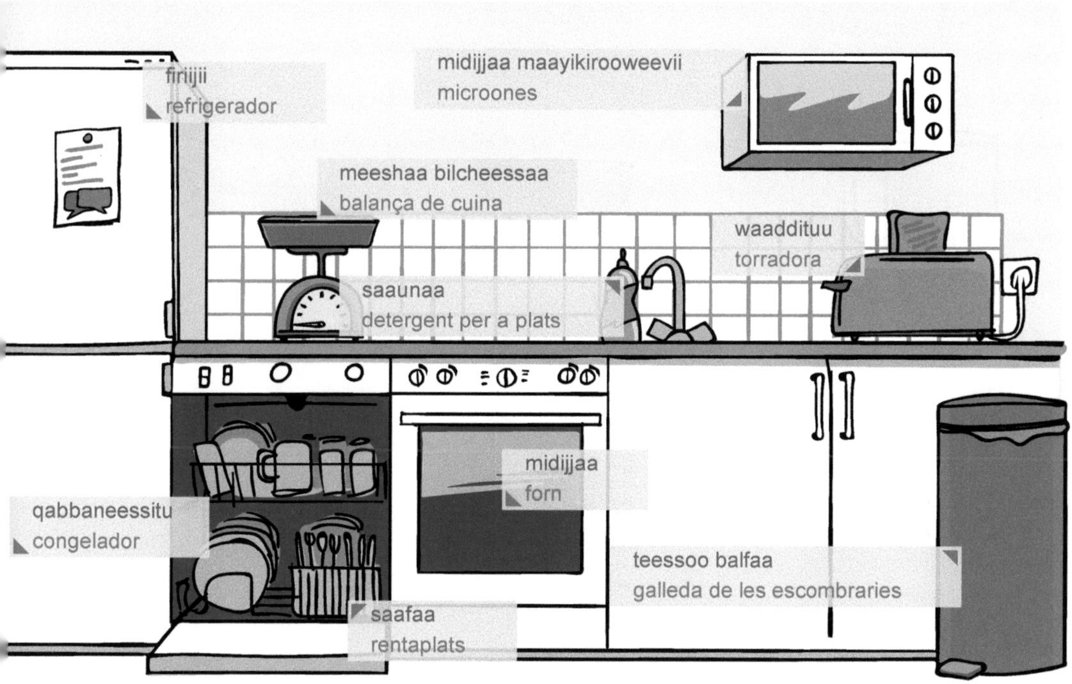

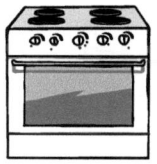

bilcheesssituu

cuina de fogons

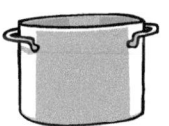

okkotee

olla

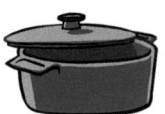

cast-iron pot

olla de ferro colat

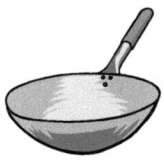

sataatee

wok / karahi

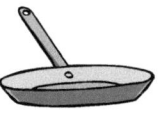

waaddituu

paella

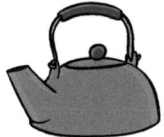

markajii

bullidor

jabala humna urkaa
....
olla de vapor

tirii bilcheessaa
....
plata de forn

bantuu qaruuraa
....
vaixella

geeba
....
tassa grossa

sayinaa
....
bol

dibata hidhii
....
bastonets xinesos

cilfaa
....
culler

shuukkaa
....
espàtula

areeda aduurree
....
batedor

dhimbiibduu
....
colador

gingilchaa
....
sedàs

meeshaa farfartuu
....
ratllador

mooyyee
....
morter

waadii abiddaa
....
barbacoa

midijjaa
....
foc a terra

maktafiyaa

taula de tallar

martuu

corró

bantuu qaruuraa

llevataps

danda'uu

pot de conserva

banuu danda'uu

obridor

teesoo okkotee

agafador

lixuu

aigüera

buruushii

raspall

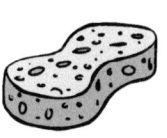

ispoonjii

esponja

meeshaa waliin makaa

batedora

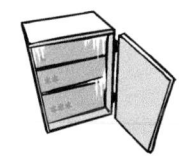

qabbaneessaa guddaa

congelador

xuuxxoo

biberó

ujjuummoo

aixeta

kutaa dhiqannaa
bany

oo'istuu
calefacció
baaldii
tovallola
shhworii
dutxa
golgaa shaaworii
cortina de dutxa
daakaa bashannanaa
bany de bombolles
gabatee dhiqannaa
banyera
burcuqqoo
got
maashina miiccaas
rentadora
ujjuummoo
aixeta
billookkeetti
rajoles
waan xiqqoo
orinal
lixuu
aigüera

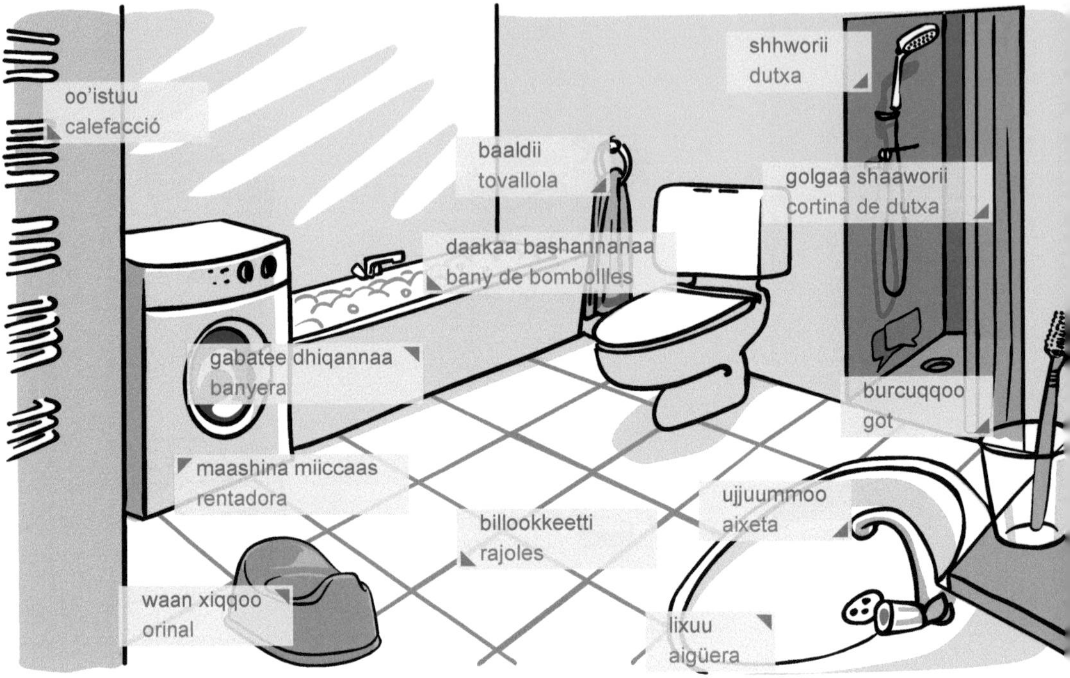

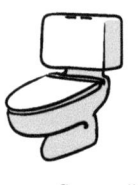

mana fincaanii

lavabo

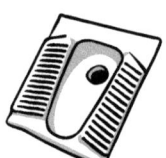

mana fincaanii taa'e

lavabo turc

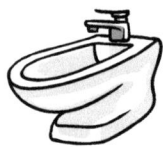

saafaa

bidet

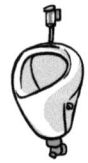

sahiinaa mana fincaanii

orinador

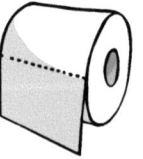

sooftii

paper higiènic

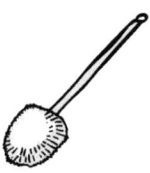

burusha mana fincaanii

escombreta de sanitari

buruushii ilkaanii

raspall de dents

saamunaa ilkaanii

pasta de dents

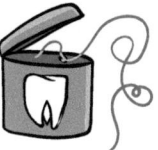

soqxuu ilkaanii

fil dental

dhiquu

rentar

qaama dhiqannaa aadaa

pom de dutxa

kan dach

dutxa íntima

sulula

rentamans

mana dhiqataa

raspall per a l'esquena

saamunaa

sabó

dibata dhiqannaa boodaa

gel de dutxa

shaampuu

xampú

jejuu

manyopla de bany

gogsuu

bonera

kireemii

crema

dodoraantii

desodorant

daawitii

mirall

daawitii hrkaa

mirall-espill de mà

milaacii

maquineta de rasar

dibata areedaas

espuma de barbejar

diibata areedaa

loció post-rasada

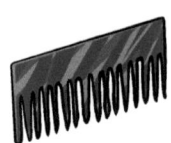

filaa

pinta

burusha

raspall

qoorsituu rifeensaa

eixugador

hafuuftuu rifeensaa

laca

meekaappii

maquillatge

lippistiikii

pintallavis

qeessa muculiksituu

esmalt d'ungles

jirbii

cotó

murtuu qeessa

tallaungles

shittoo

perfum

korojoo dhiqannaa

estoig de bellesa

gatteechuma

tamboret

iskeelii ulfaatinaa

bàscula

uffata dhiqannaa

barnús

guwaantii pilaastikaa

guants de goma

moodesii

compresa higiènica

fooxaa qulquulinaa

compresa

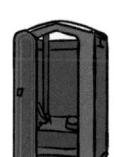

keemikaala mana fincaanii

sanitari químic

kutaa ijoollee

cambra de nen

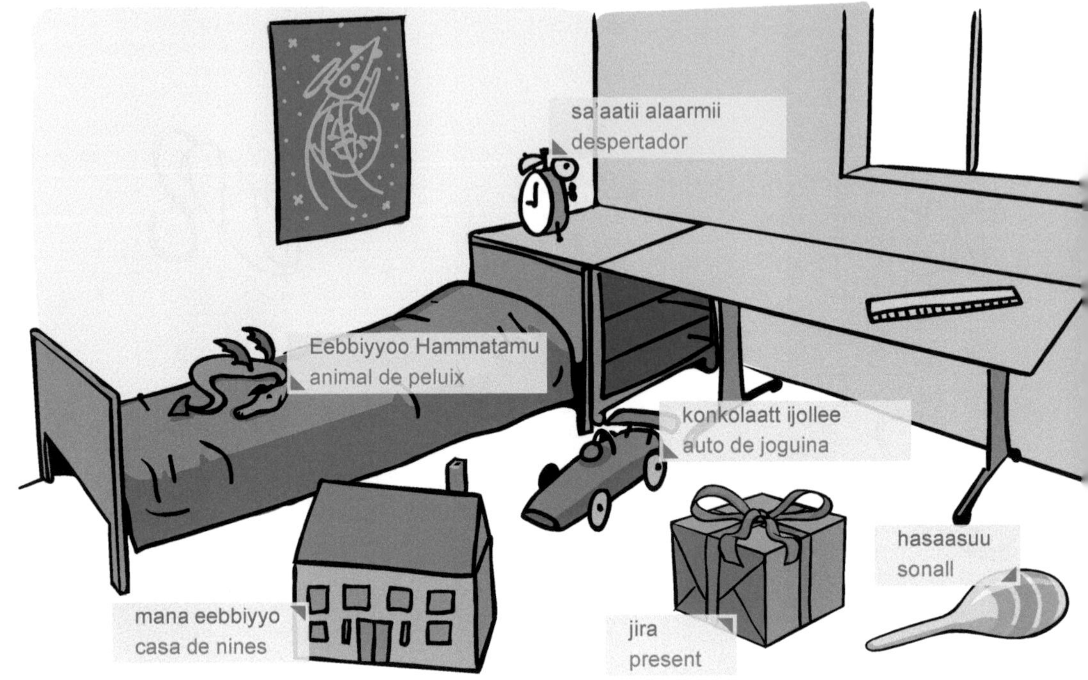
sa'aatii alaarmii
despertador
Eebbiyyoo Hammatamu
animal de peluix
konkolaatt ijollee
auto de joguina
hasaasuu
sonall
mana eebbiyyo
casa de nines
jira
present

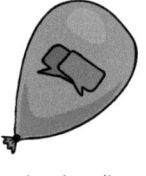

baaloonii

baló

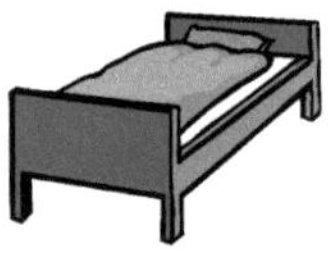

siree

llit

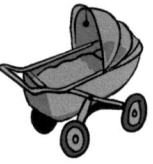

gaarii daa'imaa

cotxet per a nens

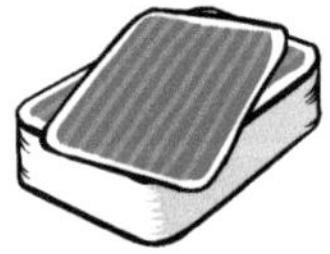

Minjaala Kaardii

joc de cartes

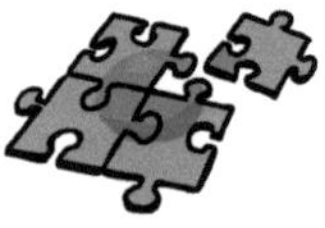

akaafaa

trencaclosca

SUPER
MEGA

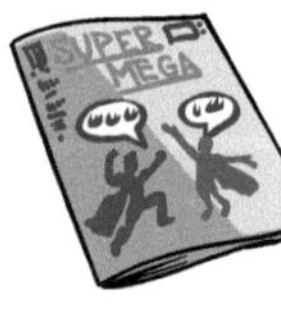

kofalchiisaa

historieta

lego bricks

peces de lego

dlookii ijaarsaa

peces de construcció

lakkofsa gochaa

ninot d'acció

guddina daa'imaa

granota

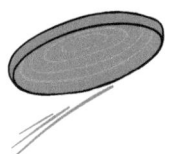

saahinaa taphaa

frisbee

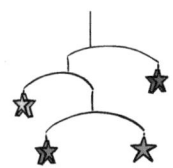

mobaayilii

mòbil per a bressol

gabatee taphaa

joc de taula

kuubii lakk. 1-6 qabu

daus

teessuma leenji'aa modeelaa

tren elèctric

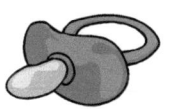

fakkii

xumet

afeerrii

festa

kitaaba fakii

llibre de dibuixos

kubbaa

pilota

eebiyyoo

nina

tapha

jugar

boolla cirrachaa

sorrera

hodhuu

gronxador

eebbiyyoo

joguines

konsoli tapha viidyoo

consola de jocs de vídeo

marsaa sadii

tricicle

eebiyyo hammatamtu

osset de peluix

sanduqaa dhaabbii

armari

cuufinsa

roba

kaalsii

mitjons

istookingii

mitges

taayitii

mitja pantaló

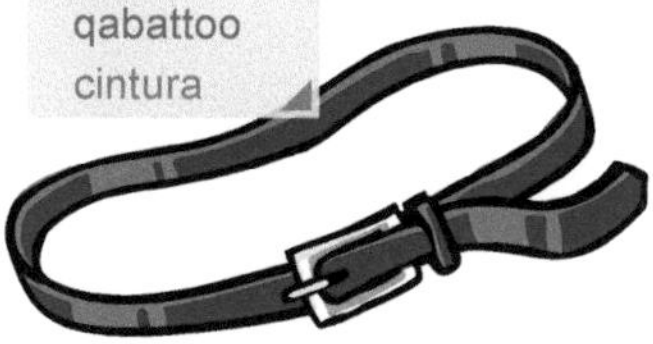

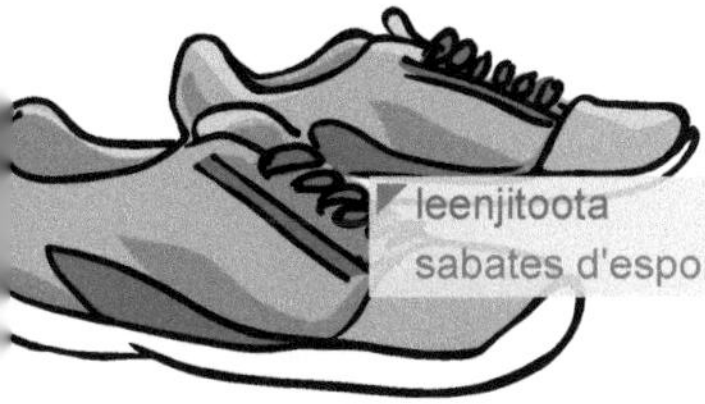

guftaa
tapacoll

dibaaboo
paraigua

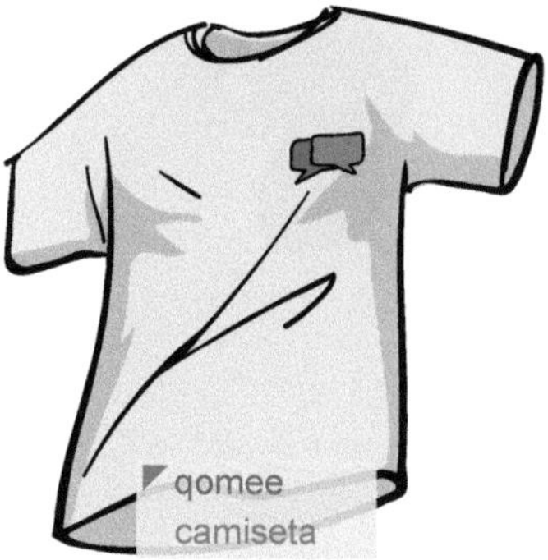

qabattoo
cintura

qomee
camiseta

bidiruuwwan
botes

slipparii
plantofes

leenjitoota
sabates d'esport

kophee banaa
....
sandàlies

kophee
....
sabates

bidiruu pilaastikaa
....
botes de goma

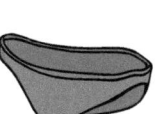

butaantaa
....
calçonets

harmaa
....
sostenidor

sadariyyaa
....
guardapits

qaama

jjustacòs

kofoo dheeraa

pantalons

jiinsii

jeans

dalgee

faldeta

shamiza

brusa

shurraaba

camisa

shurraaba

jersei

haaguuggii jaakkeettii

dessuadora

yuunifoormii

blazer

jaakkeettii

jaqueta

kootii

mantell

kafana roobaa

impermeable

barsuma

vestit de dona

wandaboo

vestit de dona

kafana gaa'ilaa

vestit de núvia

kafana guutuu

vestit d'home

uffata halkanii

camisa de dormir

bijaamaa

pijama

wandaboo hindii

sari

guftaa

mocador de cap

marata

turbant

burqaa

burca

jalabiyyaa

caftan

abaya

abaia

kafana daakkaa

vestit de bany

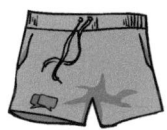

mudhii

calçon(et)s de bany

kofoo gabaabaa

pantalons curts

kafanafgichaa

xandall

appiroonii

davantal

guwwaantii

guants

furtuu

botó

burcuqqoowwan

ulleres

gumee

braçalet

amartii

collaret

qubeelaa

anell

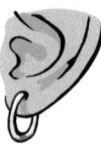

glii

orellera

geeba

casquet

fanoo kootii

penjador

qoobii

capell

karbaata

corbata

ziippii

cremallera

heelmeetii

casc

collee

elàstics

uffata mana baruumsaa

uniforme escolar

yuunifoormii

uniforme

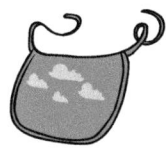

kafana gorooraa

pitet

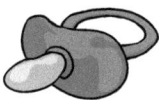

fakkii

xumet

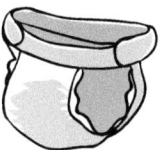

naappii

bolquer

waajjira
oficina

sarvarii
servidor
faayil kaabineetii
armari arxivador
piriintarii
impressora
moonitarii
monitor
warqaa
paper
minjaala
escriptori
maawzii
ratolí
fooldarii
arxivador
kiiboordii
teclat
qircaata gatoo
paperera
kompitara
ordinador
teessoo
cadira

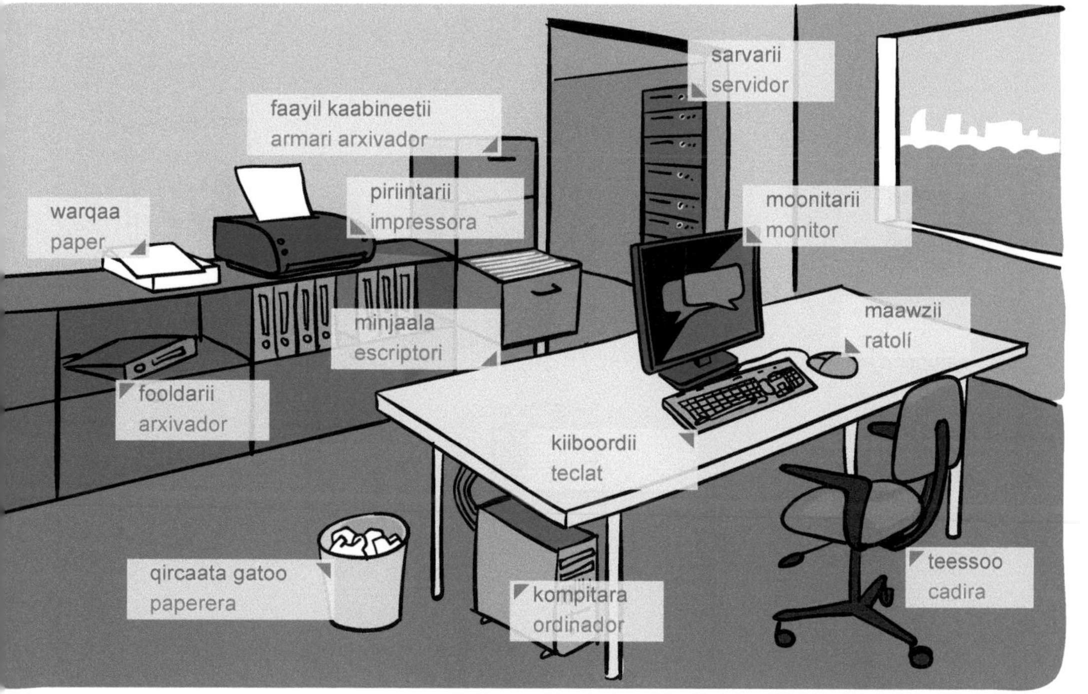

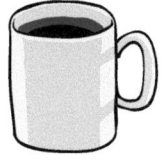

siinii bunaa

tassa de cafè

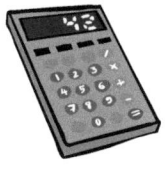

herregduu

calculadora

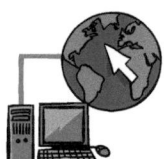

intarneetii

Internet

lab tooppii

ordinador portàtil

xalaya

lletra

ergaa

missatge

mobbyilii

mòbil

neetwoorkii

xarxa

maashina footokoppii

fotocopiadora

sooft weerii

programari

bilbila

telèfon

sookkeetii suuqii

presa de corrent

maashina faaksiis

fax

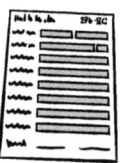

uunkaa

formulari

dookimantii

document

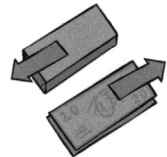

bituu

comprar

kafaluu

pagar

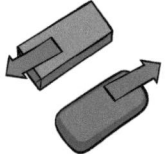

daldaluu

comerciar

qarshii

diners

doolaara

dòlar

yuroou

euro

yen

ien

ruubilii

ruble

Farankaa swwiz

franc suís

yuwaanii reenmiinbii

renminbi

ruuppee

rupia

kaash pooyintii

caixa automàtica

biiroo de cheenjee

oficina de canvi

warqee

or

meeta

argent

zayita

petroli

human

energia

gatii

preu

koontiraata

contracte

taaksii

impost

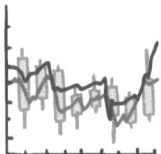

shaqaxa

acció

hojjechuu

treballar

qacaramaa

treballador

qacaraa

empresari

faabrikaas

fàbrica

dukkaana

botiga

hojii
oficis

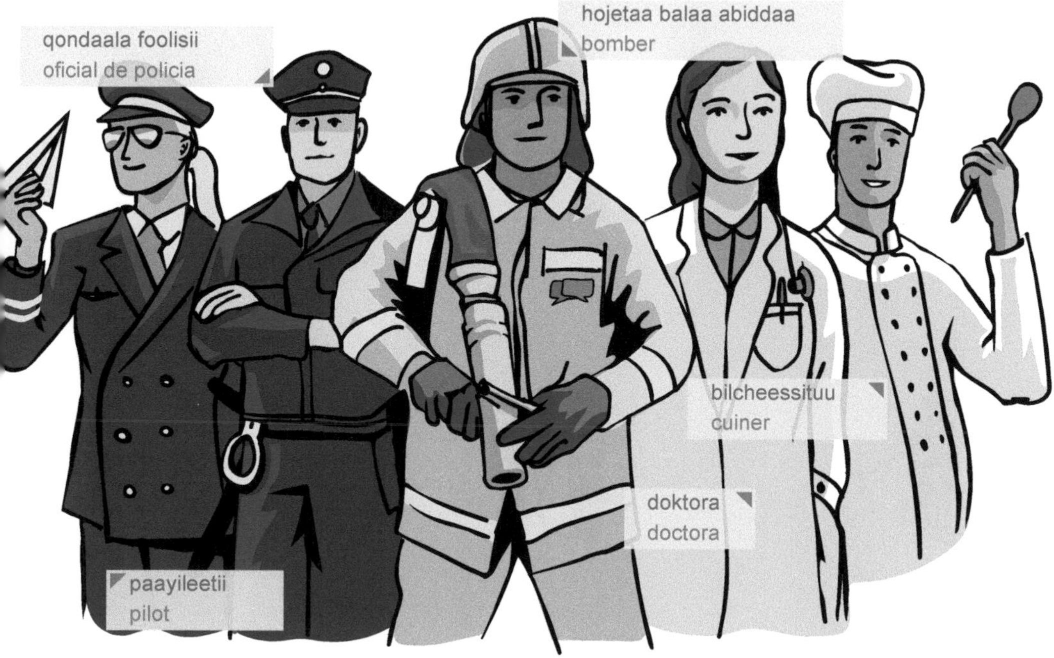
qondaala foolisii
oficial de policia
hojetaa balaa abiddaa
bomber
bilcheessituu
cuiner
doktora
doctora
paayileetii
pilot

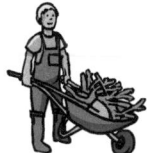

waardiyyaa
jardiner

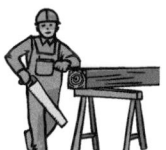

ogeessa mukaa
fuster

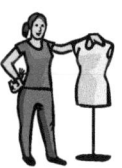

ooftuu jabalaa
costurera

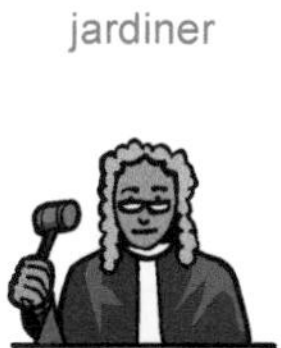

abbaa seeraa
jutge

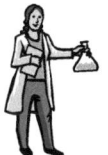

keemistii
química

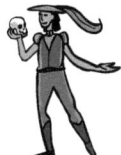

ta'aa
actor

konkolaachisaa

conductor d'autobús

konkolaachisaataaksii

taxista

qurxumii kiyyeessaa

pescador

qulqulleessituu

dona de la neteja

hojetaa baaxii

ensostrador

keessummeessaa

cambrer

adamisituus

caçador

halluu dibduu

pintor

tolchituu

forner

elektrishaana

electricista

ijaaraa

obrer de la construcció

injinara

enginyer

mana foonii

carnisser

hjjetaa ujummoo

llanterner

poostaa geessituu

correu

raayyaa

soldat

arkteektii

arquitecte

qarshi qabduu

caixera

abaaboo gurgurtuu

florista

dabbasaa murtuu

perruquer

kondaaktara

revisor

makaanika

mecànic

kaappiteenii

capità

hakiima ilkee

dentista

saayntiistii

científic

rabbi

rabí

imaama

imam

moloskee

monjo

luba

capellà

meeshaalee

eines

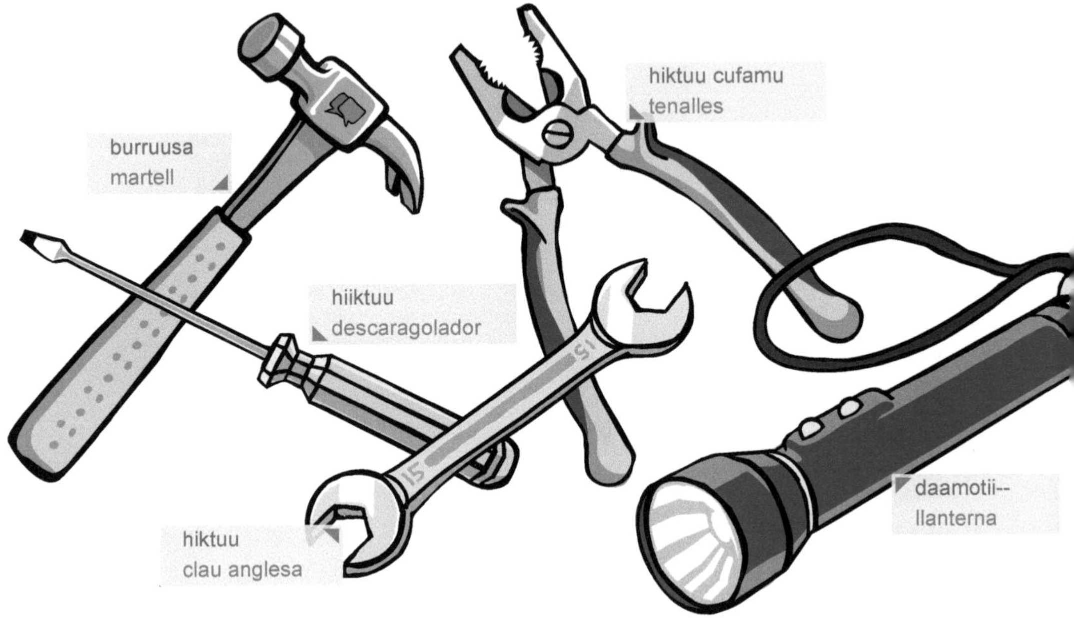

burruusa
martell
hiktuu cufamu
tenalles
hiiktuu
descaragolador
hiktuu
clau anglesa
daamotii--
llanterna

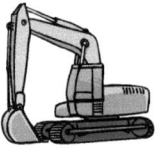

gasoo
excavadora

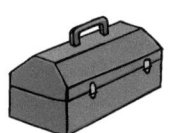

saanduqa meeshhalee
caixa d'eines

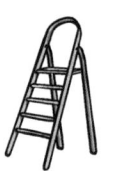

kortoo
escala

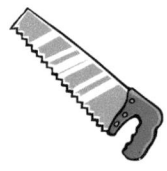

magaazii
serra

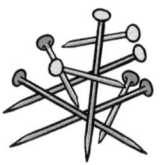

bismaara
claus

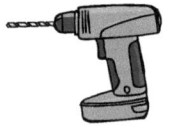

diriilii
trepant

suphuu

reparar

akaafaa

pala

dhaabi

Maleït siga!

gataa balfaa

pala

qodaa haalluu

pot de pintura

hiktuu

caragols

meeshaalee muuziqaa
instrument de música

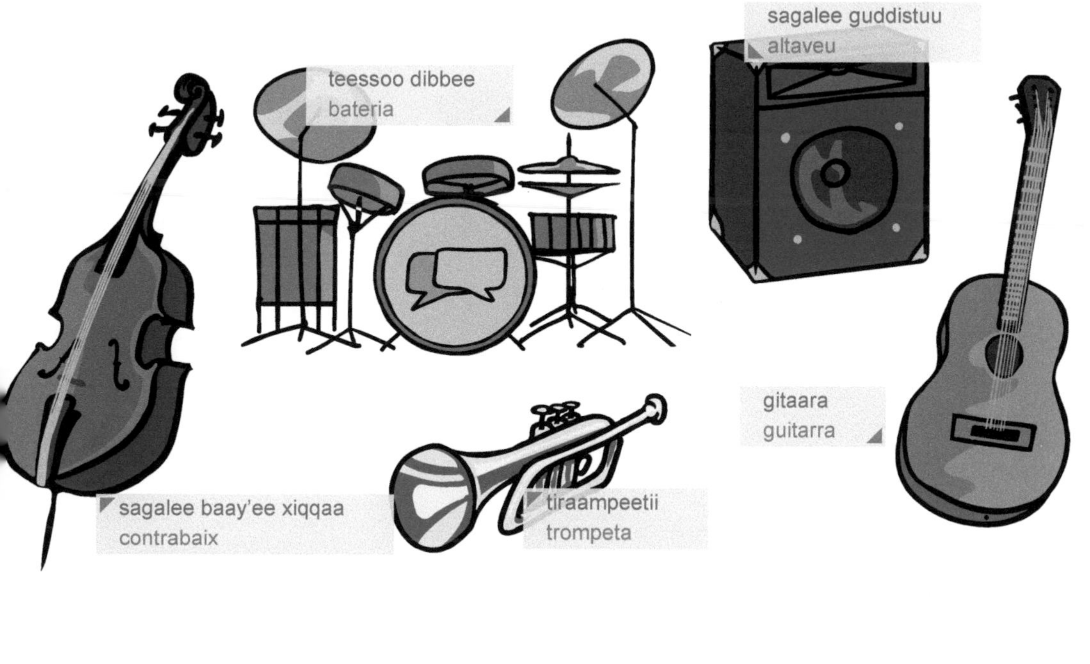

sagalee guddistuu
altaveu

teessoo dibbee
bateria

gitaara
guitarra

sagalee baay'ee xiqqaa
contrabaix

tiraampeetii
trompeta

piyaanoo

piano

vaayoolinii

violí

sagalee xiqqaa

baix

timpaanii

timbal

dibbee

tambor

kiiboordii

teclat

saaksi foona

saxofon

ulullee

flauta

may craafoona

micròfon

meeshaalee muuziqaa - instrument de música

dallaa beeladaa

zoo

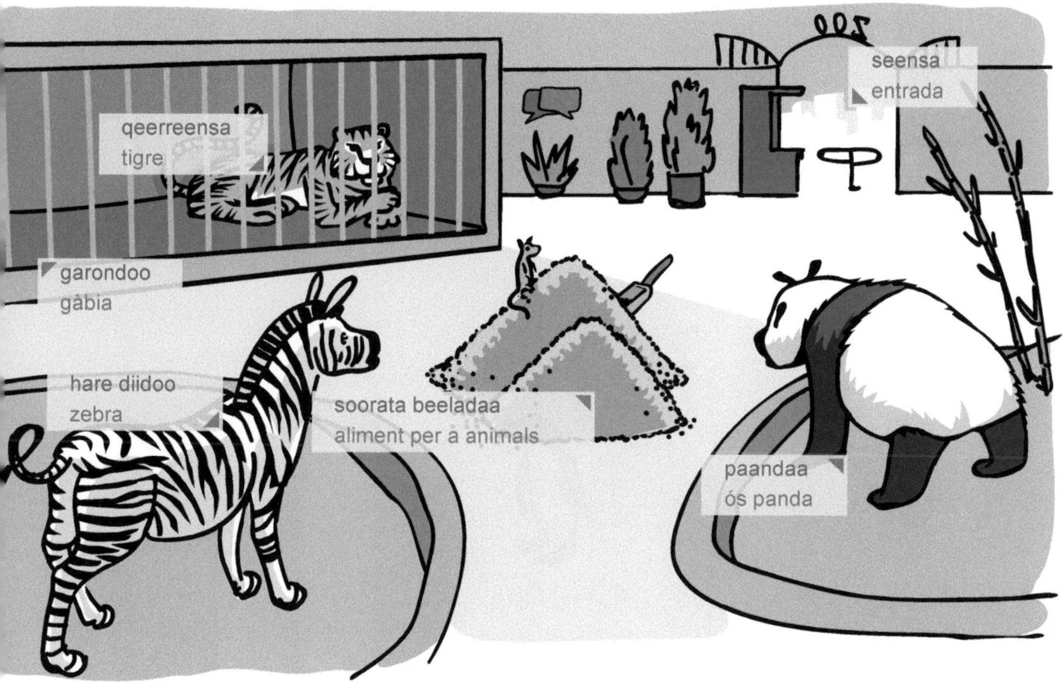

seensa
entrada
qeerreensa
tigre
garondoo
gàbia
hare diidoo
zebra
soorata beeladaa
aliment per a animals
paandaa
ós panda

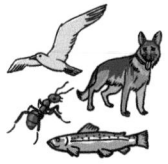

beeladoota
animals

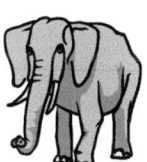

arba
elefant

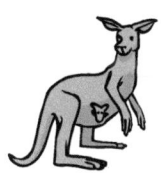

kaangaaroo
cangurú

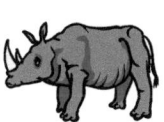

warseesa
rinoceront

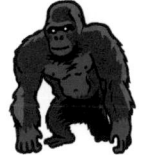

jaldeessa guddaa
goril·la

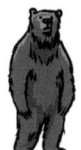

godaa
ós

gala

camell

guchii

estruç

leenca

lleó

jaldeessa

simi

fiilaamingoo

flamenc

simbira dubbattu

papagai

diibii poolarii

ós polar

peengyuunii

pingüí

shaarkii

ca mari

piikookii

paó

bofa

serp

qocaa

cocodril

eegaa zoo

guardià del zoo

chaappaa

foca

sanyii qeerensaa

jaguar

farda gabaabduu

poni

sanyii qeerrensaa

lleopard

roobii

hipopòtam

sattaawwaa

girafa

culullee

àliga

ifaannaa

senglar

qurxummii

peix

qocaa galaanaa

tortuga

beelada bishaan keessaa

morsa

sardiida

guineu

godaa

gasela

kubbaa miilaa ameerikaa
futbol americà

dargmmii bishkilileettaa
ciclisme

teenisa
tenis

kubba kaachoo
bàsquet

bishaan daakkaa
natació

sigigoo cabbie
hoquei sobre gel

aboottoo
boxa

kubbaa miilaa

futbol americà

baadmentanii

bàdminton

atileetii

atletisme

kubba harkaa

handbol

skiing

esquí

pooloo

polo

sochii

activitats

utaalcha
saltar
hammachuu
abraçar
kolfa
riure
deemuu
anar
sirbuu
cantar
abjuu
somiar
kadhannaa
pregar
dhungoo
fer un petó

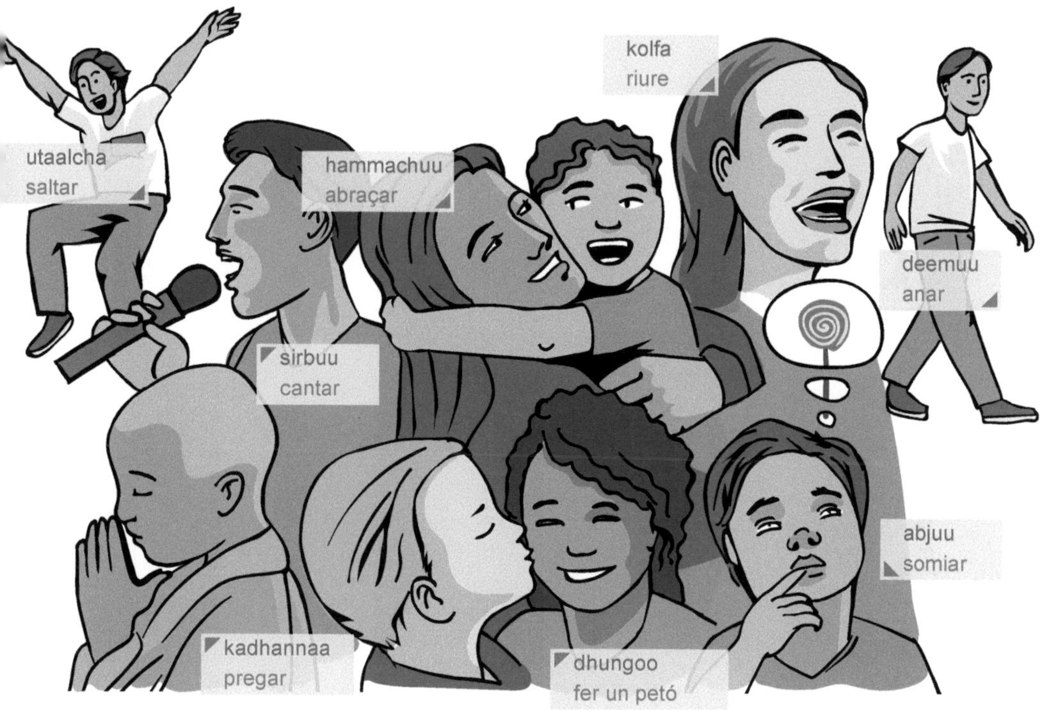

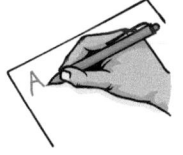

barreessuu

escriure

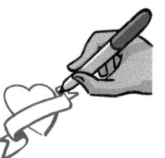

fakkii kaasuu

dibuixar

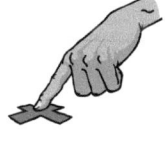

agrsiisuu

mostrar

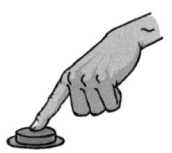

dhiibuu

pitjar

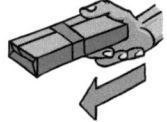

kennuu

donar

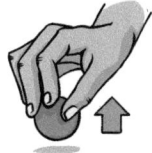

fudhachuu

prendre

qabaachuu

tenir

gochuu

fer

ta'uu

ésser

dhaabbachuu

estar dret

kaachuu

córrer

harkisuu

estirar

darbachuu

llançar

kufuu

caure

soba

jeure

eeguu

esperar

baachuus

portar

taa'uu

asseure's

uffachuu

vestir-se

rafuu

dormir

dammaquu

despertar-se

ilaaluu

mirar

iyyuu

plorar

dhiibbaa dhiigaa

amoixar

filuu

pentinar

haasa'uu

parlar

hubachuu

comprendre

gaafachuu

demanar

dhggeeffachuu

escoltar

dhuguu

beure

nyaachuu

menjar

ol kaasuu

endreçar

jaalala

estimar

bilcheessuus

cuinar

oofuu

conduir

barrisuu

volar

jabalan

navegar

heerregii

calcular

dubbisuu

llegir

baruumsa

aprendre

hojjechuu

treballar

fuudha

casar-se

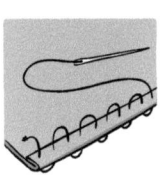

hodhuu

cosir

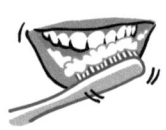

ilkaan rigachuu

raspallar-se les dents

ajjeecha

matar

xuuxuu

fumar

erguu

enviar

warra
família

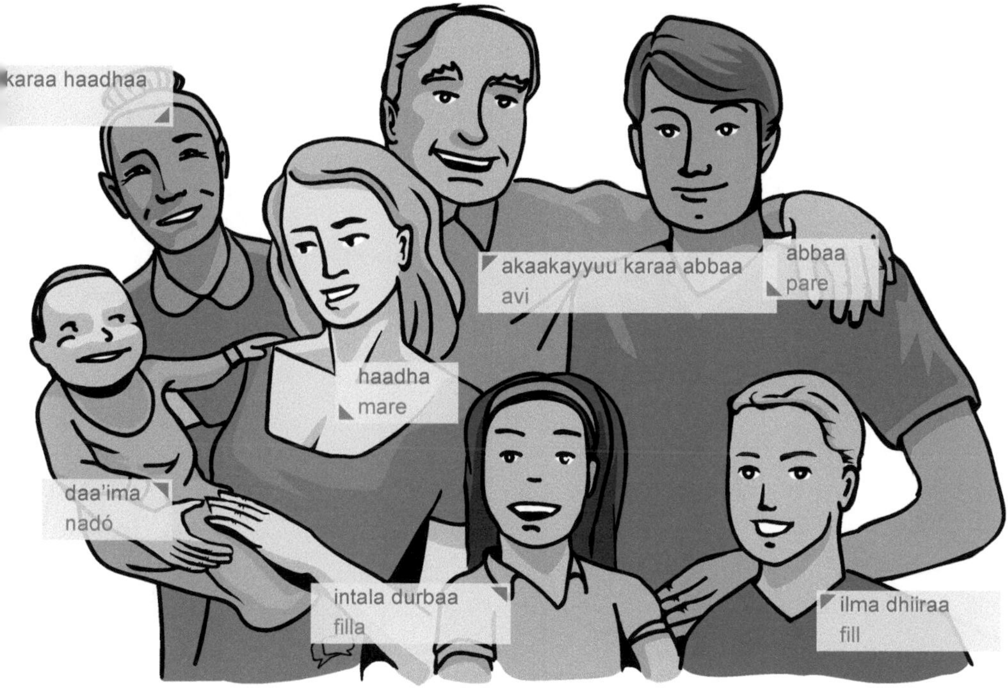

karaa haadhaa
akaakayyuu karaa abbaa
avi
abbaa
pare
haadha
mare
daa'ima
nadó
intala durbaa
filla
ilma dhiiraa
fill

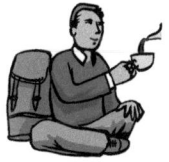

keessummaas

convidat

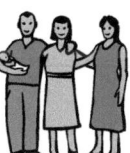

adaadaa

tia

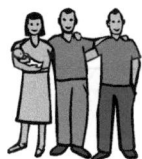

eessuma

oncle

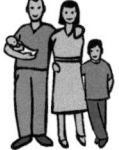

obboleessa

germà

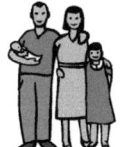

obboleettii

germana

qaama

cos

adda
front
ija
ull
ceekuu
espatlla
quba
dit
fuula
cara
igicii
barbeta
harka
mà
luka
cama
harma
pit
irree
braç

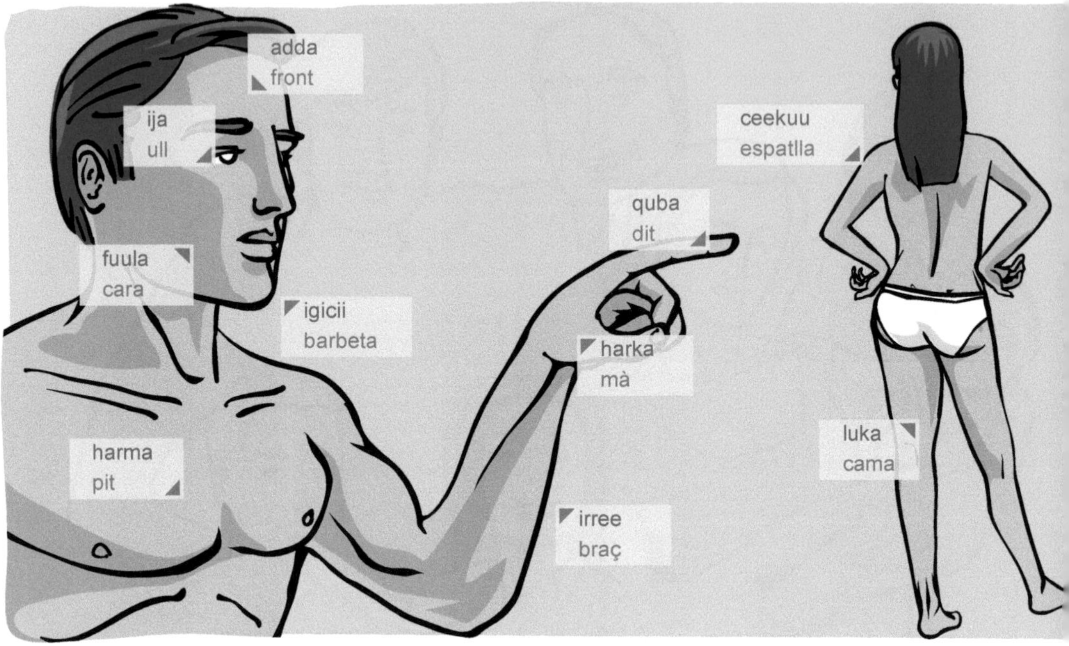

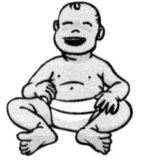

daa'ima

nadó

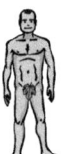

nama

home

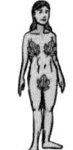

dubartii

dona

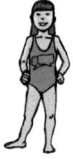

durba

noia

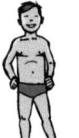

mucaa

noi

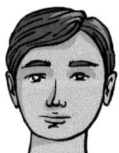

mataa

cap

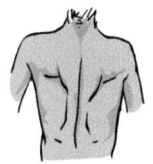

duuba
esquena

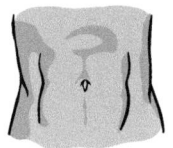

godhami
panxa

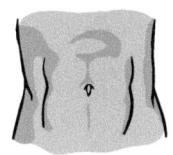

belly button
melic

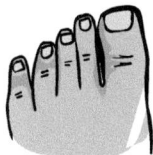

qubq miilaa
dit gros del peu

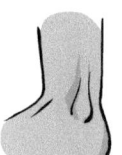

koomee
taló

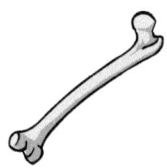

lafee
os

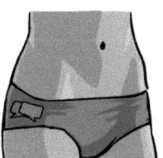

dirra
maluc

jilba
genoll

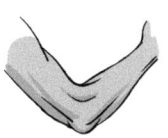

ciqilee
colze

fuunyaan
nas

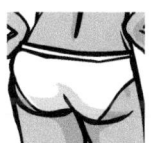

jala
cul

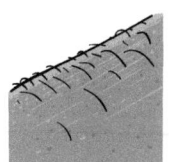

gogaa
pell

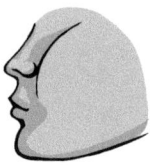

boqoo
galta

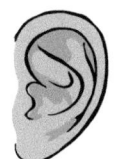

gurra
orella

hidhii
llavi

afaan
boca

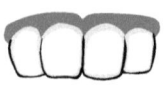

ilkee
dent

arraba
llengua

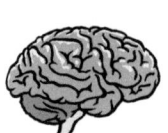

sammuu
cervell

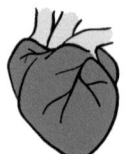

onnee
cor

fon irree
múscul

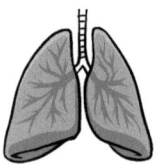

somba
pulmó

tiruu
fetge

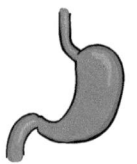

garaacha
estómac

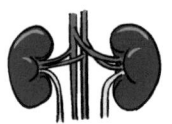

kaleewwan
ronyó

wal qunnamitii saalaa
relació sexual

kondomii
preservatiu

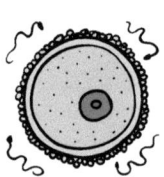

buphaa dubartii
ovari

mi'oo
semen

ulfa
prenyat

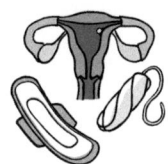

laguu ji'aa
....
menstruació

buqushaa
....
vagina

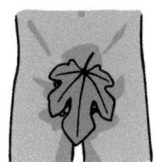

tuffee
....
penis

laboobbaa ijaa
....
cella

rifeensa
....
cabells

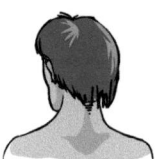

morma
....
coll

hospitaala
hospital

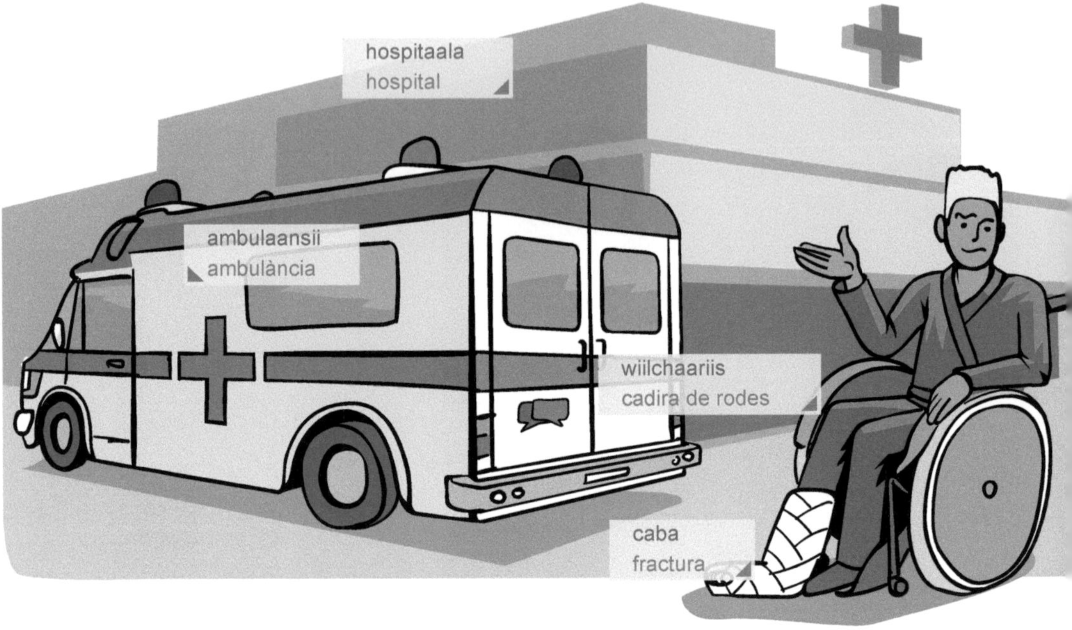

hospitaala
hospital
ambulaansii
ambulància
wiilchaariis
cadira de rodes
caba
fractura

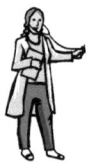

doktora

doctora

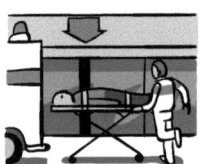

kutaa hatattamaa

sala d'urgències

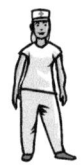

narsii

infermera

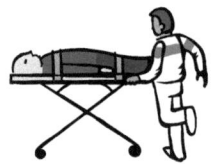

hatattama

urgència

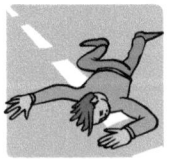

kan hin dammaqin

inconscient

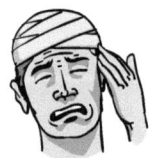

dhukkubbii

dolor

miidhhaa

ferida

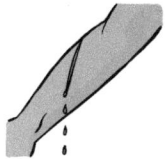

dhiiguu

sagnament

dhukkuba onnee

atac de cor

baay'ina dhiigaa

apoplexia

hooqxoo

al·lèrgia

qufaa

tos

oo'aa qaamaa

febre

qufaa

gripa

baasaa

diarrea

bowoo mataa

mal de cap

kaansarii

càncer

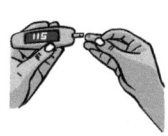

dhibee sukkaaraa

diabetis

baqaqsanii hodhuu

cirurgià

halbee

escalpel

hojii

operació

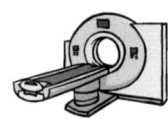

CT

tomografia computada (TC), TAC

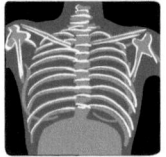

raajii

raigs x

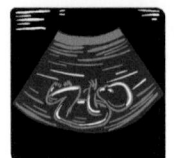

aaltraasaawandii

ultrasò

haguuggii fuuiaa

mascareta

dhukkuba

malaltia

kutaa haar galfii

sala d'espera

hirkannaa

crossa

pilaastara

tireta

baandeejii

embenat

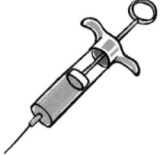

limmoo waraanuu

injecció

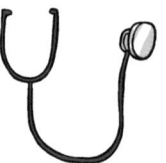

isteetskooppi

estetoscopi

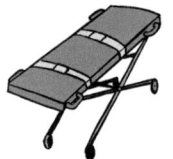

siree dhukkubsataa

llitera

termoo meetira klinikaa

termòmetre clínic

dhaloota

pariment

ulfaatinaa ol

sobrepès

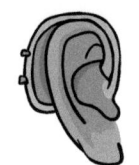

gargaaraa dhageettii

aparell auditiu

qoricha aramaa

desinfectant

miidhama keessaa

infecció

vaayirasa

virus

ECH AAIVII / EEDSII

VIH / SIDA

qoricha

medicina

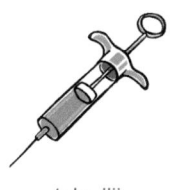

talaallii

vaccí

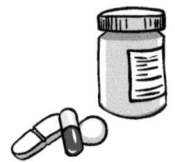

kiniinii

comprimits

kiniinii

píl·lola

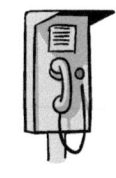

waamicha hatattamaa

trucada d'urgència

too'attuu dhiibbaa dhiigaa

tensiòmetre

dhukkuba / fayyaa

malalt / sà

gargaarsa!

Socors!

alaarmiis

alarma

weerara

assalt

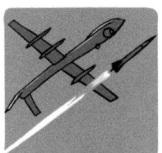

miidhuu

atac

suukaneessaa

perill

baha hatattamaa

sortida-eixida d'urgència

abidda

Foc!

abidda dhaamisituu

extintor

balaa

accident

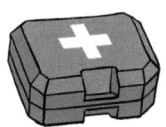

saanduqa gargaasa
calqabaa

farmaciola de primers
auxilis

Sii'oosii

SOS

foolisii

policia

awurooppaa

Europa

ameerikaa kabaa

Amèrica del Nord

ameerikaa kibbaa

Amèrica del Sud

afrikaa

Àfrica

eesiyaa

Àsia

awustraaliyaa

Austràlia

atilaantik

Atlàntic

paasfiik

Pacífic

galaana hindii

Oceà Índic

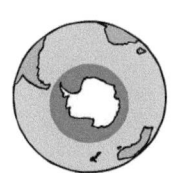

galaana antaartikaa

Oceà Antàrtic

galaana arkitiik

Oceà Àrtic

polii kaabaa

pol nord

polii kibbaa

pol sud

antaartikaa

Antàrtida

dachee

terra

dachee

país

garba

mar

odola

illa

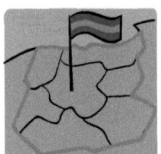

lammii

nació

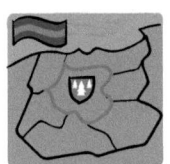

kutt biyyaa

estat

clock face

quadrant

sa'aatii kana

agulla de les hores

daqiiqaa kana

agulla dels minuts

moofaa

agulla dels segons

yeroon meeqa ta'ee?

Quina hora és?

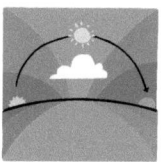

guyyaa

dia

yeroo

temps

amma

ara

sa'aatii diiskoo

rellotge digital

daqiiqaa

minut

sa'aatii

hora

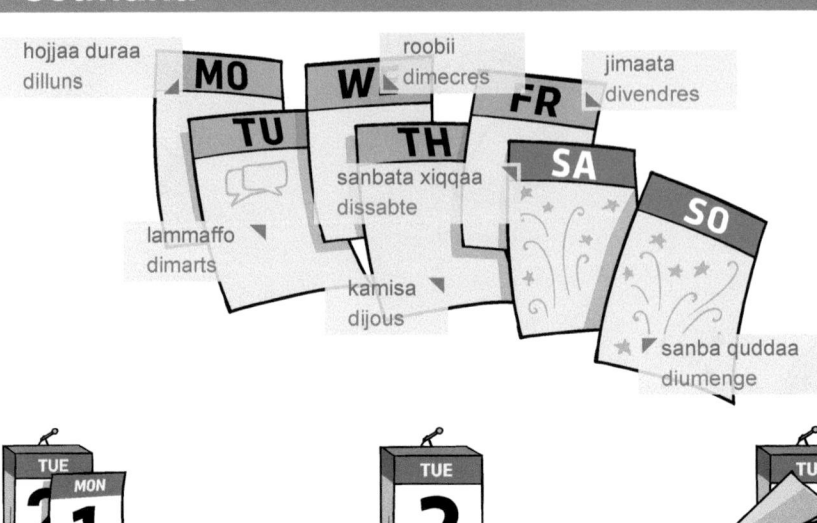

hojjaa duraa
dilluns

roobii
dimecres

jimaata
divendres

lammaffo
dimarts

sanbata xiqqaa
dissabte

kamisa
dijous

sanba quddaa
diumenge

kaleessa

ahir

har'a

avui

boru

demà

ganama

matí

guyyaa qixxee

migdia

galgala

tarda

MO	TU	WE	TH	FR	SA	SU
1	2	3	4	5	6	7
8	9	10	11	12	13	14
15	16	17	18	19	20	21
22	23	24	25	26	27	28
29	30	31	1	2	3	4

guyyaa hojii

dia feiner

MO	TU	WE	TH	FR	SA	SU
1	2	3	4	5	6	7
8	9	10	11	12	13	14
15	16	17	18	19	20	21
22	23	24	25	26	27	28
29	30	31	1	2	3	4

dhuma forbee

cap de setmana

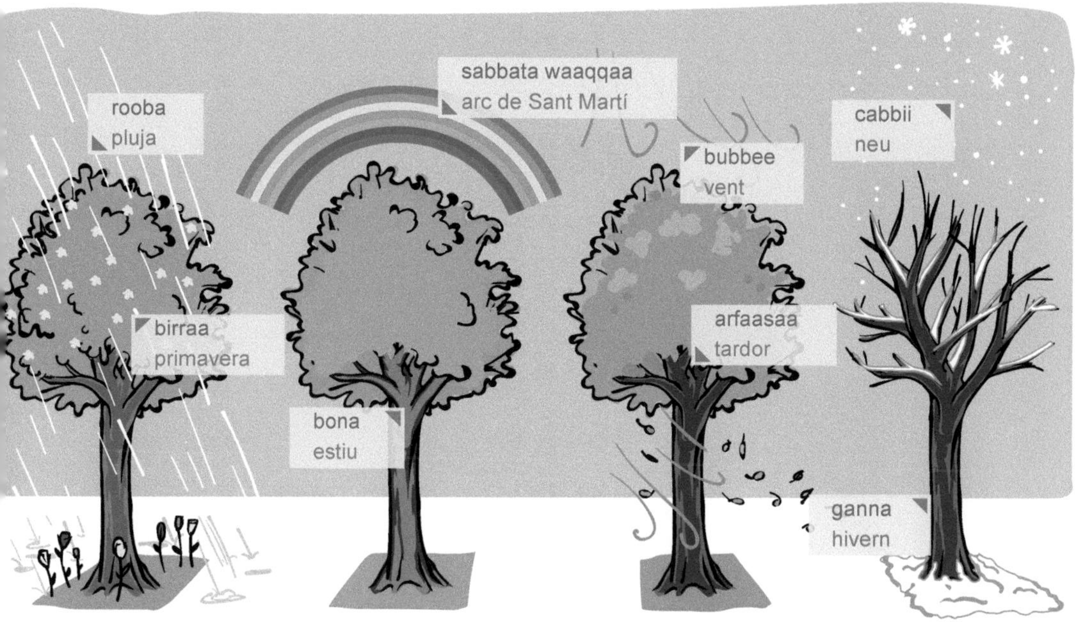

rooba
pluja

sabbata waaqqaa
arc de Sant Martí

bubbee
vent

cabbii
neu

birraa
primavera

arfaasaa
tardor

bona
estiu

ganna
hivern

4.APRIL	11°	☀
5.APRIL	4°	☁
6.APRIL	13°	☔
7.APRIL	8°	❄
8.APRIL	10°	☀

raaga haala qileensaa

pronòstic del temps

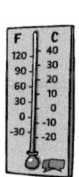

teermoomeetirii

termòmetre

baha aduu

llum del sol

duumessa

núvol

hurii

boira

jiidha

humiditat de l'aire

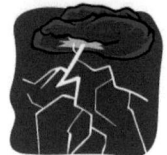

bakakkaa

llamp

balaqqee

tro

dirrisa

tempesta

cabbii

calamarsa

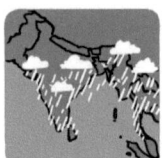

monsoon

monsó

lolaa

inundació

cabbie

gel

Amajjii

gener

Gurraandhala

febrer

Bitootessa

març

Eebila

abril

Caamsaa

maig

Waxabajji

juny

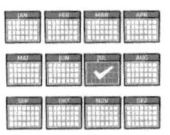

Adooleessa

juliol

Hagayya

agost

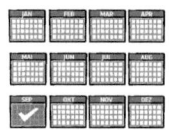

Fulbaana
....
setembre

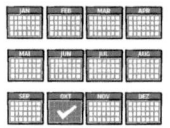

Onkololeessa
....
octubre

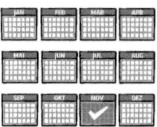

Sadaasa
....
novembre

Muddee
....
desembre

geengoo
....
cercle

isqeerii
....
quadrat

rog arfee
....
rectangle

rg sadee
....
triangle

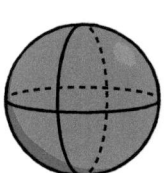

molaalee
....
esfera

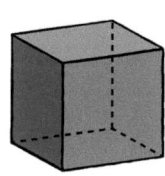

kuubii
....
cub

adii
....
blanc

boora
....
groc

keelloo
....
taronja

boorilee
....
rosa

diimaa
....
vermell

bunnii
....
lila

cuqliisa
....
blau

magariisa
....
verd

magaala
....
marró

bulee
....
gris

gurraacha
....
negre

baay'ee / xiqqoo

molt / poc

aara / gammachuu

emprenyat / tranquil

bareeda / fokkuu

bonic / lleig

calqaba / xumuura

començament / fi

guddaa / xiqqaa

gran / petit

ifa / dukkana

clar / fosc

obboleessa / obboleettii

germà / germana

qulqulluu / xurii

net / brut

xumuuramaa / kan hin xumuuramin

complet / incomplet

guyyaa / halkan

dia / nit

du'aa / jiraa

mort / viu

bal'aa / dhiphaa

ample / estret

kan nyaatamu / kan hin
nyaatamne

comestible / immenjable

badd / gaarii

dolent / amable

gammachuu / ifannaa

entusiasmat / entediat

furdaa / qal'aa

gros / prim

calqaba / dhuma

primer / darrer

michuu / diina

amic / enemic

guutuu / duwwaa

ple / buit

sakoruu / lalllaafaa

dur / tou

ulfaataa / salphaa

pesant / lleuger

beeluu / dheebuu

gana / set

dhukkuba / fayyaa

malalt / sà

seer malee / seera
qabeessa

il·legal / legal

gaanfuree / dabeessa

intel·ligent / ximple

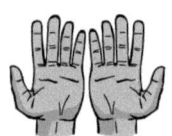

bitaa / mirga

esquerra / dreta

maddii / fagoo

prop / llunyà

haara'a / moofaa

nou / usat

homma / waan tokko

res / quelcom

jaarsa / dargaggeessa

vell / jove

ibsuu / dhaamsuu

encès / apagat

banuu / cufuu

obert / tancat

callisuu / sagalee olkaasuu

silenciós / sorollós

sooressa / hiyyeessa

ric / pobre

sirrii / dogongora

correcte / incorrecte

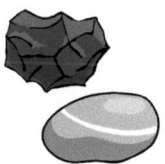

sokorruu / lallaafaa

aspre / suau

aara / gammachuu

trist / content

dheeraa / gabaabaa

curt / llarg

qususaa / collee

lent / ràpid

jiidhaa / goggogaa

humit / sec - eixut

oo'aa / qorraa

calent / fred

lola / nagaa

guerra / pau

nombres

0

duwwaa

zero

1

tokko

u

2

lama

dos

3

sadis

tres

4

afur

quatre

5

shan

cinc

6

jaha

sis

7

torba

set

8

saddeet

vuit

9

sagal

nou

10

kudhan

deu

11

kudha tokko

onze

12

kudha lama

dotze

13

kudha sadi

tretze

14

kudha afur

catorze

15

kudha shan

quinze

16

kudha jaha

setze

17

kudha torba

disset

18

kudha saddeet

divuit

19

kudha sagal

dinou

20

diigdama

vint

100

dhibba

cent

1.000

kuma

mil

1.000.000

maliyoona

milió

Ingiliffa

anglès

Ingiliffa Ameerikaa

anglès americà

Mandarinii chaayinaa

xinès mandarí

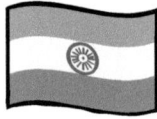

Afaan Hindii

hindi

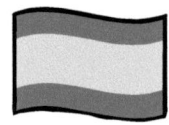

Afaan Speen

espanyol

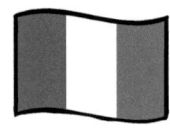

Afaan Faransaay

francès

Afaan Arabaa

àrab

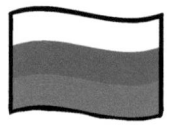

Afaan Raashaa

rus

Afaan Poortugaal

portuguès

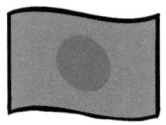

Afaan Beengaal

bengalí

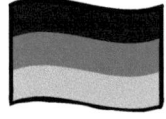

Afaan Jarman

alemany

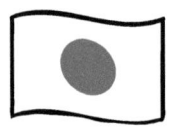

Afaan Jaappaan

japonès

ana

jo

si

tu

isa / ishii / isa / wantootaf

ell / ella / allò

nu'ii

nosaltres

isin

vosaltres

isan

ells

eenyuu?

qui?

maal?

què?

akkamitti

com?

eessa?

on?

hoom?

quan?

maqaa

nom

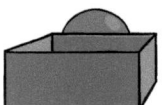

duuba

darrere

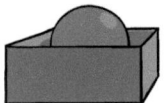

keessa

en

fuldura

davant de

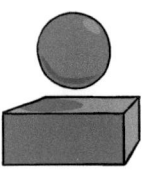

irra

damunt

gubbaa

sobre

jala

sota

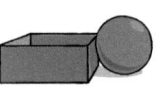

maddii

al costat

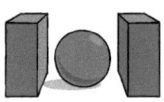

gidduu

entre

bakkee

lloc